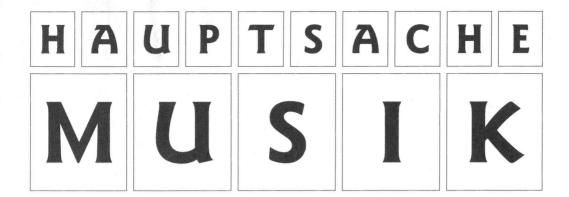

Bayern 6

für den Musikunterricht
in Klasse 6
an Hauptschulen
in Bayern

von
Werner Pütz
und Rainer Schmitt

unter Mitarbeit von
Gisela Block
Ria Deeken
Gerd Haehnel
Maria Heckeley
Reinhild Hensle
Ellen Radtke
Klaudia Rosinski-Rohde
Jürgen Saamer
Siegfried Schmollinger
Achim Schudack
Franz Sussmann
Esther Thies
Peter Virnich
Halka Vogt
Peter Winz-Luckei

für Bayern bearbeitet von
Bernhard Hofmann und
Gertrud Schwoshuber

Ernst Klett Verlag
Stuttgart Düsseldorf Leipzig

Inhaltsverzeichnis

4–7
Klingende Spiele

Musikgruppen, in denen ihr mitmachen dürft, gibt es bestimmt an eurer Schule. Aber auch innerhalb eurer Klasse könnt ihr selber Musik machen. Ideen und Anregungen, Spiele und Übungen dazu findet ihr in diesem Kapitel und auf vielen anderen Seiten dieses Buchs.

Musik in der Schule – Klingende Schule 4/5
Spiele mit Rhythmen – Spiele mit Klängen 6/7

8–15
Musik teilt etwas mit – Musik im Dialog

Stell Dir vor, du sitzt in der Schule und der Pausengong ertönt: Was würdest du dann tun? Dieses kurze Signal bewirkt sicherlich schlagartige Veränderungen bei dir, deinen Mitschülern – und bei eurer Lehrerin. Musik kann aber auch helfen, Gedanken und Gefühle zu entwickeln und auszutauschen – so wie in einem Gespräch.

Signale: Auf dem Volksfest – im „Totentanz" 8/9
Gespräche – ohne Worte 10/11
Stimmungen in der Musik – Malen zu „Peer Gynt" 12/13
Filmmusik: Hollywood – in der Schule 14/15

16–23
Musik und Programm

Tierstimmen, eine Bergtour, eine Dampfeisenbahn, eine Stahlfabrik – wie lässt sich all das musikalisch darstellen? Antworten darauf findet ihr auf diesen Seiten, beim Musikmachen und Musikhören.

Klangwelt Natur. 16/17
Stimmen der Tiere 18/19
In der Eisengießerei 20/21
Musik mit Programm 22/23

24–31
Witz und Humor in der Musik

Scherze, die umständlich erklärt werden müssen, sind meistens keine. Andererseits kann man über Witze nur dann lachen, wenn man sie versteht. Und deshalb steigt das Vergnügen an musikalischen Gags erheblich, wenn man etwas über Musik weiß …

Musik mit Witz – Witz mit Musik 24/25
Einfach virtuos 26/27
Joseph Haydn – eine Musik mit Knalleffekt 28/29
Joseph Haydn – eine Musik mit Veränderungen 30/31

Ob ihr euren Klassenraum nun zur Zirkusarena oder zur Showbühne, zum Musicaltheater oder zum Opernhaus umbaut: Auf jeden Fall viel Vergnügen und Bühne frei!

32–49 Musik in Szene gesetzt

Wir spielen Zirkus	32/33
Im Zirkus – Im Tingeltangel	34/35
Playback-Band – Playback-Orchester	36/37
Licht und Schatten	38/39
Die Geschichte vom Soldaten	40/41
Die Geschichte vom Soldaten – drei Szenen	42/43
Das „Phantom der Oper" – ein Musical	44/45
Im unterirdischen Labyrinth – Hinter den Kulissen	46/47
Ein Song aus „Grease" …backstage	48/49

Lieder singen und begleiten, hören, tanzen und spielen, über Lieder sprechen und nachdenken: All das hat im Umgang mit Musik seinen Platz.

50–71 Singen und gestalten

Lieder für szenische Spiele	50/51
Humorvolle Lieder – aus Bayern	52/53
Humorvolle Lieder – aus Deutschland	54/55
Gespräche	56/57
Liebeslieder	58/59
Gegen Krieg und Unterdrückung	60/61
Unterwegs auf hoher See	62/63
Frühling – Sommer	64/65
Herbst – Winter	66/67
Weihnachten – bei uns	68/69
Weihnachten – anderswo	70/71

Hier könnt ihr nachschlagen: Was ist ein Dreiklang, eine Synkope, eine Moll-Tonleiter? Aber auch kleine Übungen gibt es, damit aus der Theorie sofort Praxis wird.

72–75 Musikwissen

Personen- und Stichwortverzeichnis; Quellenverzeichnis; Verzeichnis der Lieder und Gedichte; Verzeichnis der Hörbeispiele.

76–80 Verzeichnisse

4 Musik in der Schule ...

Stellt euch eure Schule als „Klingende Schule" vor, aus deren Räumen es singt und schallt, wo im Treppenhaus und in den Gängen Musik gemacht und auf dem Schulhof getanzt wird, also ein musikalisches Haus, einladend zum Mithören und Mitmachen. Was mit Musik in der Schule alles möglich ist, sollt ihr in diesem Buch erfahren.

Hörspiel
Latin-Percussion
Rock-Band
Musiktheater
Gitarren-Ensemble
Schulchor

❶ Welche der hier abgebildeten und genannten musikalischen Tätigkeiten gibt es schon an eurer Schule?
❷ Sprecht im Musikunterricht über verschiedene Möglichkeiten, in eurer Schule Musik zu machen. Lasst euch dabei durch diese Buchseite anregen.
❸ Womit wollt ihr im Musikunterricht beginnen? Blättert einmal in diesem Buch, dann bekommt ihr viele Ideen.

Klingende Schule 5

Hier einige Tipps zur Vorbereitung des nächsten Schulfestes oder zum „Tag der offenen Tür":
• Ein Schattenspiel mit eigener oder aufgenommener Musik begleiten.
• Rockgruppen und Popstars mit musikalischen Playbacks imitieren.
• Zu Jazz- oder Rockmusik einen Gruppentanz einstudieren.
• Eine Kassette oder ein Buch mit selbstgemachten Songs herstellen …

Liederwerkstatt

Instrumentalkreis

Jazztanz

Folkloretänze

Computermusik

Instrumentenbau

Tipps für Bastler:
• Klingende Gegenstände an einem langen Seil befestigen und im Treppenhaus der Schule aufhängen.
• Verschieden große Trommeln bauen, bemalen und zum Spiel aufstellen.
• Eine große, ausgediente Orgelpfeife (beim Orgelbauer erhältlich) mit einem Blasebalg versehen.
• Ein Stück mit selbstgebauten Instrumenten üben.
• Auf dem Schulhof eine „Klangstraße" bauen …

6 Spiele mit Rhythmen ...

Trommeln könnt ihr mit vielen Gegenständen, auch mit den Händen auf den Tischen.

crescendo und decrescendo

❶ Einer fängt an zu trommeln, blinzelt einem anderen zu, der daraufhin einsetzt usw., bis alle trommeln. Zurück geht es genauso, aber umgekehrt, bis zum Schluss nur noch einer übrig bleibt.

Lauterwerden nennt man crescendo, Leiserwerden decrescendo.

Trommeln mit und ohne Dirigenten

❷ Bestimmt eine Dirigentin oder einen Dirigenten für die Leitung eines Trommelstückes. Wie lange soll getrommelt werden und wie lange sollen die Pausen dazwischen dauern? Wie laut und wie schnell soll getrommelt werden? Und nun das Ganze ohne Dirigieren: Wie könnt ihr euch verständigen?

Morsen

Das Morsealphabet erfand Samuel Morse (1791 – 1872). Es diente lange Zeit dazu, sich über große Entfernungen hinweg zu verständigen, etwa in der Telegrafie, in der Seefahrt oder im Flugverkehr. Dabei bedeutete "–" ein langes, "·" ein kurzes Signal.

❶ Wählt aus dem Alphabet einige Buchstaben (z.B. e, r, n, s, t, l) und baut Wörter daraus. Mit geeigneten Instrumenten (Keyboard, Akkordeon, Mundharmonika) könnt ihr euch die Wörter gegenseitig mitteilen. Lasst zwischen den Buchstaben und Wörtern Pausen.

❷ Die langen bzw. kurzen Töne und die Pausen könnt ihr auch mit Noten- und Pausenwerten aufschreiben und dann danach spielen.

Morsealphabet					
a	· –	j	· – – –	t	–
b	– · · ·	k	– · –	u	· · –
c	– · – ·	l	· – · ·	v	· · · –
ch	– – – –	m	– –	w	· – –
d	– · ·	n	– ·	x	– · · –
e	·	o	– – –	y	– · – –
f	· · – ·	p	· – – ·	z	– – · ·
g	– – ·	q	– – · –	ä	· – · –
h	· · · ·	r	· – ·	ö	– – – ·
i	· ·	s	· · ·	ü	· · – –

... Spiele mit Klängen 7

Irrgarten

❶ Plant und baut aus Stühlen und Bänken einen Irrgarten. Holt euch Instrumente und stellt euch in vier Gruppen auf, z.B. Xylophone links vorne im Raum, Metallophone rechts vorne, Trommeln links hinten, Triangel und Becken rechts hinten. Einem Schüler werden die Augen verbunden. Ihr sollt ihn mit Klängen durch den Irrgarten steuern. Das funktioniert so: Wenn die Xylophone spielen, *dreht er* sich langsam links herum, bei den Metallophonen rechts herum. Bei Trommelschlägen *geht er* vorwärts, bei Becken- und Triangelklängen rückwärts. Bei Stille bleibt er stehen.
Ob es gelingt, durch den Irrgarten zu kommen, ohne anzustoßen?

Ruf doch mal an!

❷ Setzt euch im Kreis zusammen. Der erste Spieler „wählt eine Telefonnummer": Er gibt einen Rhythmus vor. Um zu zeigen, dass das „Verbindungsnetz" funktioniert, wiederholen alle diesen Rhythmus. Nun kommt der Nächste an die Reihe.
Tipps: Wenn es Schwierigkeiten beim Wiederholen gibt, sollte der „Anrufer" eine leichtere „Nummer" wählen. So könnte der Rhythmus z.B. kürzer sein und sich auf einen einzigen Dreier- oder Vierertakt beschränken. Wenn dabei die letzte Zählzeit, also Schlag 3 oder Schlag 4 in jedem Takt frei bleibt, ergibt sich meistens eine „gute Verbindung".

Einige Rhythmen zum Beginnen:

Weitere Möglichkeiten:
❸ „Telefonkette": Jeder Spieler spielt den Takt seines direkten Vorgängers noch einmal und erfindet einen neuen Takt dazu.
❹ „Direktschaltung": Jeder erfindet einen kurzen Rhythmus, schreibt ihn mit großen Noten auf ein Blatt Papier und legt ihn so vor sich hin, dass alle den Rhythmus gut sehen können. Dieser Rhythmus ist jetzt die eigene „Telefonnummer", unter der ihr erreichbar seid: Wenn ihr angerufen werdet, wählt ihr gleich anschließend die Nummer eines Mitschülers. Das Spiel klappt am besten, wenn jeder einen anderen Rhythmus hat …

Wer ist der Anführer?

❺ Eine Gruppe von 5 bis 10 Instrumentalisten wählt einen Mitspieler, der so unauffällig wie möglich das Spiel lenkt: laut-leise, schnell-langsam, tiefe-hohe Töne … . Einer, der zuvor den Raum verlassen hat, soll ihn herausfinden.

I 1 **8** *Signale: Auf dem Volksfest ...*

Im Rummel eines Volksfestes übermitteln Signale bestimmte Informationen ...

❶ Wer erzeugt die Signale auf dem Tonträger und was bedeuten sie?
❷ Alle diese Signale zusammen erzählen eine Geschichte. Schreibt die Handlung dieser Geschichte auf und findet eine passende Überschrift.
❸ Welche Signale begegnen euch im Alltag, zu Hause, in der Schule, auf der Straße? Was bedeuten sie für euch? Nehmt mit dem Kassettenrekorder solche Signale auf.

... im „Totentanz"

Im Mittelalter herrschte der Aberglaube, dass nachts auf dem Friedhof ein Tanz der Toten und der unerlösten Seelen stattfinde. Lebende, die sich daran beteiligten, mussten sterben – so glaubten viele Menschen. Die Szenerie eines „Totentanzes" schildert die „Danse macabre" des französischen Komponisten Camille Saint-Saëns (1835–1921).

❶ Überlegt, was die Klangsignale am Beginn (Notenbeispiel ① und ②) und am Ende (4) des „Totentanzes" von Saint-Saëns bedeuten könnten.

❷ Gestaltet zum Hörbeispiel einen eigenen „Totentanz".

10 Gespräche ...

Kassa bedeutet in der Sprache der Malinke aus Westafrika „Bauer" oder „Getreidespeicher". *Kassa* heißt aber auch ein Rhythmus, der nur zur Begleitung der Ernte bestimmt ist. Die Trommler ziehen mit den Arbeitern von Feld zu Feld.

❶ Versucht, den Gesang und die Rhythmen zu musizieren. Hörbeispiel und Noten helfen euch dabei.

Das Prinzip von „Call" (Ruf) und „Response" (Antwort) ist in afrikanischen Gesängen weit verbreitet. Der „Call" wird meist von einem Vorsänger improvisiert. Beim „Response" stimmen alle im Chor ein.

❷ Die Form von „Ruf" und „Antwort" findet sich in der Musik verschiedener Stile, Länder und Zeiten. Findet beim Hören der Beispiele heraus, um welche Art von Musik es sich handelt, woher sie stammt und wann sie entstand.

❸ Sucht in diesem Buch nach Liedern, in denen Gespräche enthalten sind. Beim Singen und Musizieren könnt ihr feststellen, ob sich die Form von „Ruf" und „Antwort" in der Musik zeigt.

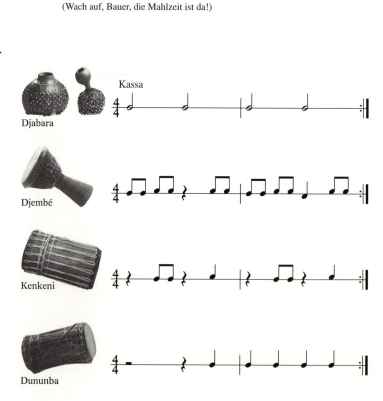

Vorsänger/Alle:
Il - la wu - li woo kon - ko da - ba   Kon - don ti - lu ba - ra - na.
(Wach auf, Bauer, die Mahlzeit ist da!)

Djabara
Kassa
Djembé
Kenkeni
Dununba

... ohne Worte

Orpheus konnte wilde Tiere besänftigen und er brachte sogar die Götter der Unterwelt dazu, ihm seine verstorbene Gemahlin Euridike wiederzugeben. All das vermochte Orpheus allein durch seinen Gesang und seine Musik – so erzählt eine Sage aus dem alten Griechenland. Als Gespräch zwischen Orpheus und den Göttern der Unterwelt ist der zweite Satz des 4. Klavierkonzerts von Ludwig van Beethoven (1770–1827) gedeutet worden.

❶ Versetzt euch in die Rolle der Götter der Unterwelt: Wie würdet ihr Orpheus empfangen, wie mit ihm umgehen? Und wie würde sich Orpheus verhalten? Gestaltet ein Standbild, ein Rollenspiel oder eine Improvisation!

❷ Vergleicht eure Ergebnisse mit der Musik von L. v. Beethoven. Findet beim Hören und im Notentext heraus, wo die Musik eurer Vorstellung von der Szene entspricht und wo nicht.

❸ Entdeckt beim Hören, wie das Gespräch verläuft und wie es endet.

❹ Lasst euch von der Musik zu anderen, eigenen Bildern und Gedanken anregen.

12 Stimmungen in der Musik

Stellt euch vor, ihr seid an einem Theater als Bühnenbildner beschäftigt. Euer Auftrag heißt: Malt ein Bühnenbild zu einer Szene der „Peer Gynt"-Musik. Dafür müsst ihr zuerst die Geschichte kennen lernen und euch mit der Musik vertraut machen.

Peer Gynt – eine Geschichte aus Norwegen

„Peer, du lügst!", sagt seine Mutter streng, als er ihr mal wieder was von einem angeblichen Kampf mit einem Rentier vormachen will. Sie und die Bewohner des Dorfes kennen Peer schon lange so: wie er immerzu träumt, lügt, sich zusammen mit anderen Männern betrinkt und prügelt.

Auf einem Hochzeitsfest lernt Peer das Mädchen Solveig kennen und verliebt sich in sie. Solveig hätte gern mit ihm getanzt, doch ihre Eltern erlauben das nicht. Ärgerlich verlässt Peer die Feier und läuft davon.

In der Nacht verirrt er sich in den Bergen und gelangt schließlich in das Reich der Trolle, der Berggeister. Er hätte gern deren Königstochter zur Frau und obendrein noch die Herrschaft über die Berggeister, will sich aber auf keinen Fall selbst in einen Troll verwandeln lassen. Das macht die Berggeister so wütend, dass sie ihn töten wollen. In diesem Moment läuten von fern Kirchenglocken und machen dem Geisterspuk ein Ende.

Bei Sonnenaufgang findet sich Peer vor der Sennhütte seiner Mutter wieder – unversehrt, aber voll Sehnsucht nach Solveig, die er nicht vergessen kann. Er baut sich in den Bergen eine Hütte. Da kommt Solveig zu ihm: Auch sie hat ihn nicht vergessen, hat ihre Eltern um seinetwillen verlassen und will nun immer bei ihm bleiben. Peer ist überglücklich, doch spürt er zugleich: So einfach kann er, der Taugenichts, kein neues Leben beginnen. Er verlässt Solveig, weil er sich ihrer reinen Liebe nicht würdig fühlt, doch bittet er sie beim Abschied auf ihn zu warten.

Viele Jahre reist er rastlos durch die ganze Welt. Er lernt viele Länder kennen – und auch sich selbst. Als alter Mann kehrt er schließlich zu seiner Hütte zurück und findet Solveig, die dort all die Jahre voll Liebe auf ihn gewartet hat. Da erkennt Peer, dass er vergebens umhergeirrt ist und sein Lebensglück verfehlt hat. Bei ihr findet er endlich seine Ruhe und stirbt in ihren Armen.

Malen zu „Peer Gynt"

Die Musik zu „Peer Gynt" schrieb der norwegische Komponist Edvard Grieg (1843–1907) nach einem dramatischen Gedicht seines Zeitgenossen Henrik Ibsen. Später fasste er die Kompositionen zu zwei mehrsätzigen Orchesterstücken (Suiten) zusammen, bei denen jeder Satz einer Szene aus dem Drama zugeordnet ist. Zwei dieser Sätze heißen: „In der Halle des Bergkönigs" und „Morgenstimmung".

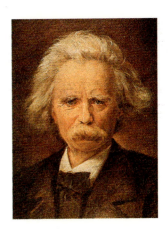

In der Halle des Bergkönigs (Thema)

Morgenstimmung (Thema)

Angebote zur Entspannung und Einstimmung auf das Malen:

- Hört die Musik mit geschlossenen Augen und summt die Melodie mit.
- Nehmt ein Tuch (etwa 70 x 70 cm), verknotet drei der vier Ecken zu „Kopf" und „Händen" und führt die so entstandene Spielfigur mit einer Hand zur Musik. Ihr könnt auch bunte Bänder zur Musik bewegen.
- Fasst ein großes Tuch rundum am Rand und lasst es zur Musik auf- und abschwingen. Ihr könnt auch einen Ball darauflegen und rollen lassen.
- Bewegt euch zur Musik im Raum.
- Unterhaltet euch darüber, wie die Musik auf euch wirkt.

So könnt ihr vorgehen, wenn ihr ein Bühnenbild malen wollt:

❶ Hört euch die Musik genau an und lasst euch auf die Stimmung ein, die von der Musik ausgeht.
❷ Entscheidet euch für eine Szene und entwerft dazu ein Bühnenbild auf dem Zeichenblock.
❸ Übertragt es in einer Arbeitsgruppe auf ein großes Tuch.

14 Filmmusik: Hollywood ...

① Hört einen Ausschnitt aus einer bekannten Filmmusik. Überlegt euch eine Szene, die zu dieser Musik passen könnte.

② Wenn ihr zu Hause einen Videorekorder habt, sucht in einem Film eine Szene, in der die Musik eine wichtige Rolle spielt.

③ Erstellt mit Hilfe der verschiedenen Filmbeispiele, die eure Klasse ausgesucht hat, eine tabellarische Übersicht nach folgenden Gesichtspunkten:
• Szenen
• Funktion der Musik
• Wirkung der Musik
• musikalische Mittel ...
Hört die Musik auch einmal ohne Bild.

④ Probiert aus, wie ihr mit verschiedenen Musikausschnitten (auf Tonträgern) die Wirkung einer Szene ändern könnt.

1940, ein Aufnahmesaal in den großen Filmstudios Hollywoods. Erich Korngold dirigiert vor laufenden Mikrofonen seine Komposition zu dem Piratenfilm „The Sea Hawk". Die Leinwand im Hintergrund zeigt den fertigen Film, damit er genau weiß, zu welchen Bildern er die verschiedenen Teile seiner Komposition einspielen muss.

Schon die erste öffentliche Filmvorführung im Jahre 1895 unter den Brüdern Lumière in Paris wurde von einem Klavier begleitet. Von diesem Anfang an bis heute sind Musik und Film eine scheinbar untrennbare Verbindung eingegangen. Die Musiker in den alten Stummfilmkinos spielten neben Tagesschlagern vor allem das, womit sie großgeworden waren: die Musik des 19. Jahrhunderts. Auch die großen Orchester des Tonfilms in Hollywoods „goldener Zeit" der 30er und 40er Jahre setzten diese Tradition fort.

Heute ist Filmmusik so vielfältig wie die Musik selbst: Rock, Pop, Jazz, elektronische Musik, zunehmend aber auch wieder die Musik großer Sinfonieorchester wird eingesetzt, um die gewünschte Wirkung zu erreichen. So kann Filmmusik etwa
• Spannung anregen, steigern, vertiefen
• die Aufmerksamkeit des Betrachters wecken
• die allgemeine Stimmung einer Szene betonen oder
• einer Filmszene überhaupt erst einen bestimmten Ausdruck geben
• auf etwas hinweisen, was im Bild nicht zu sehen ist.

... in der Schule 15

Filmmusik könnt ihr auch selber machen. Ihr benötigt dazu:
- eine kurze Geschichte, z. B. zu den Themen Schule, Liebe, Angst, Streit ...
- Instrumente und Klangerzeuger
- eine Videokamera
- Darsteller, Regisseur, Kameramann oder -frau und natürlich Musiker

Und so könnt ihr vorgehen:

❶ Entwickelt eine Szene und studiert sie zunächst ohne Musik ein. Notiert die Dauer der Szene.
❷ Überlegt, an welchen Stellen ihr Musik verwenden wollt und wie diese Musik klingen soll.
❸ Schreibt eure Ergebnisse in einem „Drehbuch" auf.
❹ Probt die Szene noch einmal und stimmt eure Musik darauf ab.
❺ Nehmt die Szene einschließlich der Musik mit der Kamera auf.

Drehbuch

Handlung	Dauer	Aufgabe der Musik	Musikalische Mittel
Lehrer nähert sich	5"	Spannung vertiefen	gleichmäßige Schläge auf tiefem Xylophon, lauter werdend!
Lehrer findet das Buch unter der Bank	10"	Aufmerksamkeit wecken, Spannung halten!	plötzlicher Schlag mit der Trommel, geht über in lang anhaltenden Flötenton.

16 Klangwelt Natur

Aus Christianes Tagebuch:

7. Ferientag

Bin seit einer Woche allein mit Vater in einer Berghütte. Einsame Gegend! Keine Autos, keine Maschinen, kein elektrisches Licht. Habe jetzt keine Langeweile mehr. Manchmal liege ich im Gras und höre eine Menge Dinge, auf die ich bei uns nie geachtet habe: wie der Wind durch die Blätter streicht oder an den Felsen vorbeipfeift, das Plätschern eines Baches und hin und wieder das Poltern von Geröll.

❶ Welche Naturgeräusche könnte Christiane noch gehört haben?
❷ Hattet ihr ähnliche Erlebnisse?
❸ Nehmt mit dem Kassettenrekorder Naturgeräusche auf und lasst sie von euren Mitschülern erraten.
❹ Überlegt euch eine Naturszene, die ihr mit Instrumenten oder Stimmen in Musik umsetzen könnt.

Natur in der Musik

Wenn der Komponist Richard Strauss aus dem Fenster seines Hauses in Garmisch sah, konnte er die Bergwelt der Alpen sehen. In seiner 1915 komponierten „Alpensinfonie" hat er einen Tag in den Bergen musikalisch dargestellt.

❶ Schließt beim Hören die Augen. Welche Bilder seht ihr?
❷ Schreibt eine Geschichte, die zur Musik passt.
❸ Wie erreicht der Komponist die gewünschte Wirkung? Welche Instrumente hat Strauss verwendet? Notiert genau, was ihr hört, so als müsstet ihr die Musik jemandem beschreiben, der sie nicht kennt.

18 Stimmen der Tiere

Einige Anregungen, wie ihr das Gedicht von Ernst Jandl lesen und gestalten könnt:

❶ Verteilt die Verspaare auf verschiedene Stimmen.
❷ Ahmt den Klang der jeweiligen Tierstimme nach.
❸ Ordnet die Verspaare neu: z. B. nach heller und dunkler klingenden Vokalen (i – e – a – o – u) oder nach härter und weicher klingenden Tierlauten.
❹ Ratet mit geschlossenen Augen die Stimmen der Mitschüler, die Tierlaute imitiert haben.
❺ Hört, wie Ernst Jandl sein Gedicht vorträgt.

auf dem land

rinininininininDER
brüllüllüllüllüllüllüllEN
schweineineineineineineinE
grunununununununZEN
hunununununununDE
bellellellellellellellEN
katatatatatatatatZEN
miauiauiauiauiauiauiauEN

katatatatatatatER
schnurrurrurrurrurrurrurrurrEN
gänänänänänänänSE
schnattattattattattattattERN
ziegiegiegiegiegiegiegEN
meckeckeckeckeckeckeckERN

bienienienienienienEN
summummummummummummEN
grillillillillillillillEN
zirirrirrirrirrirPEN
fröschöschöschöschöschöschE
quakakakakakakakEN
hummummummummummummELN
brummummummummummummEN
vögögögögögögögEL
zwitschitschitschitschitschitschitschERN

Ernst Jandl, aus „Gesammelte Werke", © Luchterhand, Darmstadt 1985

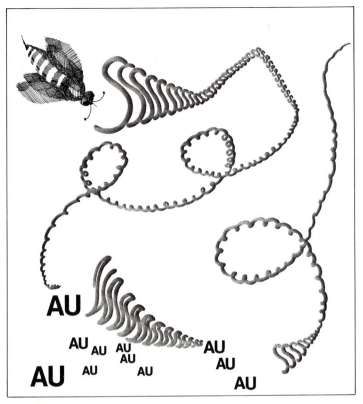

Wespenstich

Das musikalische Spiel mit Tierstimmen macht viel Spaß. Manchmal entsteht daraus sogar eine kleine Komposition.

❶ Fallen euch weitere „klingende" Tiergeschichten ein? Schreibt sie in grafischer Notation auf.
❷ Lasst euch von einem Stück der Popgruppe „Pink Floyd" aus der Sammlung „Umma gumma" anregen. Beschreibt, was ihr hört.

Margit Küntzel-Hansen, „Musik mit Stimmen", © Küntzel-Hansen

„Gesang" der Wale

Wale und Delfine sind sehr intelligent.
Mit Hilfe ihrer Stimmen verständigen sie sich unter Wasser.
Manchmal beträgt die Entfernung über hundert Kilometer.

❸ Vergleicht den Gesang der Buckelwale mit dem Gesang der Menschen.

20 In der Eisengießerei …

Letzte Schicht des Dampfhammers Fritz, 1911.

22 Musik mit Programm

❶ Lasst euch von dem Bild anregen, eine eigene "Eisenbahnmusik" zu gestalten. Was kann alles musikalisch dargestellt werden? Welche (Körper-) Instrumente eignen sich dazu?

❷ Überlegt euch in Gruppen einen Verlaufsplan, in den ihr die Zeitabschnitte eurer Komposition sowie das besprochene Programm, die Instrumente und die Klangstärke eintragt. Wie klingen eure verschiedenen Lösungen?

❸ Schließt die Augen und hört das Stück ganz. Stellt euch vor, ihr sitzt in diesem Zug und schaut aus dem Fenster. In welchem Land oder Kontinent befindet ihr euch? Was könnte draußen vorbeiziehen? Schreibt eure Reiseerinnerungen nachher auf.

❹ Hört euch verschiedene Ausschnitte an und ordnet sie den nebenstehenden Symbolen zu. Zeigt die Nummern mit der Hand an. Mit welchen musikalischen Mitteln erreicht der Komponist die Wirkung?

❺ Was habt ihr in eurer eigenen Komposition anders, was ähnlich dargestellt? Wie sähe eine Komposition heute, im Zeitalter der Hochgeschwindigkeitszüge aus?

Auf Konzertprogrammen, Plakaten oder im Radio begegnen uns nicht selten Titel wie „Die vier Jahreszeiten", „Till Eulenspiegel", oder „Karneval der Tiere". Viele berühmte Werke der Musikgeschichte gehen auf Anregungen zurück, die sich die Komponisten aus der Natur, aus Geschichten und Geschichte, aus der ganzen sie umgebenden Umwelt geholt haben. Auch die Technik hat in diesem Jahrhundert Komponisten fasziniert.

Der Komponist Heitor Villa-Lobos (1887–1959) hat ein Werk geschrieben, das er „Die kleine Eisenbahn von Caipirá" nannte.

1

2

3

4

Der amerikanische Komponist Charles Ives (1874–1954) gilt als einer der Pioniere der modernen Musik. Hauptberuflich war er jedoch nicht Komponist, sondern als Versicherungskaufmann tätig. Viele seiner Stücke beschreiben Szenen aus seiner Heimat im Nordosten der USA.

An einem Feiertag organisierte der Vater von Charles Ives, der Militärkapellmeister war, ein Treffen mehrerer Blaskapellen, die von verschiedenen Seiten spielend in seine Heimatstadt Danbury einzogen. Vater und Sohn Ives waren auf den Kirchturm gestiegen und hörten begeistert den sich immer wieder anders überlagernden Klängen zu …

Das ist Charles Ives in unserem Alter. (Da spielte er die Drums in der Kapelle seines Vaters.)

In dem Orchesterwerk „Holidays" (Feiertage) hat Charles Ives seine Jugenderlebnisse in eine Folge von Musikstücken umgesetzt. Sie stellen typische amerikanische Feste im Laufe des Jahres dar. Eines von ihnen heißt „Decoration Day" und beschreibt einen Heldengedenktag.
Ives komponierte häufig collagenartig. So verwendete er in seinen Kompositionen u. a. Märsche, Lieder oder Liedteile und Hymnen, die sich zeitweise überlagern und zu der übrigen Musik fremd klingen.

❶ Spielt das Experiment aus der Geschichte nach. Ihr könnt:
• Kassettenrecorder benutzen
• auf Instrumenten spielen
• singen.
❷ Jeder der untenstehenden Begriffe stellt einen musikalischen Collagenteil aus „Decoration Day" dar. Ordnet sie beim Hören in die richtige Reihenfolge. Was erklingt nacheinander, was gleichzeitig?
❸ Welche Wirkung hat die eingeschobene Marschmusik auf euch?
❹ In diesem Stück gibt es stark gegensätzliche Teile. Welche Bedeutung könnten sie haben?
❺ Gestaltet zu Ives' Musik eine Bild-Collage.

Walzer   Geigensolo   Marschmusik   Trauermusik   Trompetenruf

24 Musik mit Witz

Viele Komponisten haben Spaß daran, ihre Hörer zum Schmunzeln oder Lachen zu bringen. Sie verstecken ihren Witz in der Musik selbst.

❶ Ihr seht nebenan sechs verschiedene Kompositionstitel. Die Zeichnungen geben euch einen Hinweis auf Besonderheiten der Stücke.

❷ Hört dazu sechs Musikausschnitte, die diesen Stücken entnommen sind. Ordnet folgende Aussagen den Hörbeispielen zu:
a) ein überraschendes Ende
b) voll daneben
c) ein „gar"-nicht fröhliches Lied
d) ein schriller Typ
e) mir fehlen die Worte
f) ich bin gestresst

Witz mit Musik

Wer von euch in einem Chor mitmacht oder auch im Musikunterricht häufig singt, der lächelt, wenn er diese Szene gehört hat, wahrscheinlich still vor sich hin: Denn das, was sich da in der Oper „Zar und Zimmerman" von Albert Lortzing (1801–1851) abgespielt hat, das kommt einem doch allzu bekannt vor: Van Bett, der Bürgermeister eines holländischen Dorfes, hat zur Begrüßung des russischen Zaren Peters des Großen eine festliche Kantate komponiert, die er für ein großes Meisterwerk hält. Aufgeregt und wichtigtuerisch hält er mit den ungeübten Burschen und Mädchen des Dorfes die erste Probe ab.

Van Bett:
Hört mich an, es ist nicht schwer,
Und dann schreit mir nicht so sehr,
Reißt die Mäuler nicht so weit,
Sonst wird's nichts in Ewigkeit,
Heil sei dem Tag, an welchem du –
Chor:
Heil sei dem Tag ...
Van Bett:
Das ist zu hoch!
Chor:
Heil sei dem Tag ...
Van Bett:
Das ist zu tief! Schweigt still! Ruhe!
Hört mich doch an!
Chor:
Du hast gefehlt, du hast gefehlt, ich war ganz recht;
Ich singe gut, du triffst so schlecht.
Ihr sollt hier entscheiden, wer von uns gefehlt.

Van Bett:
Halt't eure Mäuler, wollt ihr schweigen,
Halt't eure Mäuler!
Chor:
Heil sei der Tag ...
Van Bett:
Euer Singsang ist ein Graus;
Statt daran sich zu ergötzen,
Reißt der Zar sich vor Entsetzen
lieber alle Haare aus.
Chor:
Besser wird es uns gelingen,
Wenn wir ganz alleine singen,
Denn wenn Ihr dazwischen schreit,
Wird es nichts in Ewigkeit.
Van Bett:
Darin bin ich eurer Meinung,
Jeder singe, wie er kann,
Fanget ohne meine Leitung
Noch einmal von vorne an.
Chor:
Heil sei dem Tag, an welchem du bei uns erschienen ...

❶ Hört den Szenenausschnitt mehrfach, damit ihr alles Komische entdeckt. Was findet ihr besonders witzig?
❷ Auch der Anfang dieser Parodie (spaßige Nachahmung) auf eine Chorprobe enthält weitere komische Stellen. Spielt die Szene nach.
❸ Sicher habt ihr auch schon komische Szenen erlebt, voller unfreiwilliger Komik wie hier, oder etwas anderes hat euch zum Schmunzeln gereizt wie z. B. im Cartoon auf dieser Seite.
❹ Erfindet eigene musikalische Späße: Wählt dazu einen oder mehrere Partner und stellt euch zu einem der nebenstehenden Wörter eine witzige Szene vor. Die Pointe (die überraschende Auflösung) muss genau zum gewählten Wort passen. Das Unausgesprochene kann mit Instrumenten und Stimmen hörbar gemacht werden. Holt euch Rat bei den Komponisten auf der gegenüberliegenden Seite.

Übertreibung — Wiederholung — Nachahmung — Mißverständnis — Falsches — Nicht Zusammenpassendes — Überraschung

I 34   **26**   *Einfach virtuos*

Seine Verneigung vor Peter Tschaikowsky (1840–1893) hat der ungarische Komponist György Kurtág (geb. 1926) nicht ohne Augenzwinkern gemacht …

Hommage an Tschaikowsky

György Kurtág

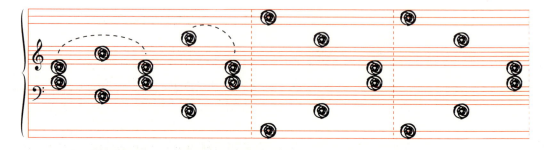

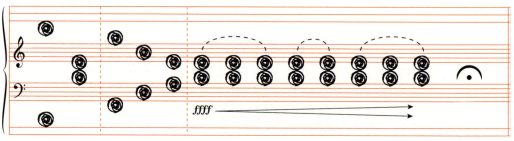

© Ricordi   *Fine*

Zeichenerklärung

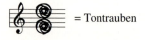 = Tontrauben

(Cluster) von ungefährem Tonumfang; beide Handflächen nebeneinander.

❶ Auch wenn ihr keine virtuosen Pianisten seid, könnt ihr das Stück auf dem Klavier musizieren. Achtet dabei genau auf alle Spielvorschriften.
❷ Hört den Beginn des Klavierkonzerts Nr. 1 b-moll von Tschaikowsky. Welche Ähnlichkeiten, welche Unterschiede findet ihr im Vergleich mit Kurtágs Stück heraus?

Diese „Katzensinfonie" in vier Sätzen widmete der Maler Moritz von Schwind 1868 seinem Freund, dem berühmten Geigenvirtuosen Joseph Joachim. Doch der war nicht im Stande, das Stück zu spielen …

❶ Die vier „Sätze" hat Schwind mit verschiedenen Angaben (Taktart, Tempo, Lautstärke, Spielanweisungen) versehen.
Auf Seite 75 dieses Buchs könnt ihr nachlesen, was die Begriffe am Anfang jedes „Satzes" bedeuten.
❷ Könnt ihr aus den Katzenbildern Melodien oder Rhythmen herauslesen?
❸ Wählt einen Satz dieser „Sinfonie" aus und setzt die Zeichnungen in „Katzenmusik" um. Ob eure Mitschüler erraten, welchen Satz ihr gespielt habt?

„Weg mit dem alten, steifen, trocknen Notensystem! Es braucht ein neues, lebensvolles Ausdrucksmittel für meine neuen, ungeahnten Gedanken" – so erklärte Moritz von Schwind seinen musikalischen Spaß.

28 Joseph Haydn ...

Gisela Braun, Journalistin

❶ Stellt euch vor, das Interview mit Haydn sei tatsächlich zustande gekommen. Wie wäre es wohl verlaufen? Verwendet die Notizzettel von Gisela Braun.

J. H.: ... Und womit kann ich Ihnen dienen?
G. B.: Unsere Leser wüssten gern mehr über Sie und Ihre Arbeit in London. Wie hat das Publikum auf Ihre Sinfonien reagiert?
J. H.: kkrrrzzäch ...
G. B.: Hallo, sind Sie noch am Apparat? ... Herr Haydn? ... Unterbrochen. Na, es liegen immerhin einige Jahre zwischen uns. Mal nachrechnen ...

Joseph Haydn, Komponist

Besondere Kennzeichen
Perücke, Zopf, Seidenhosen
Uniform als Bediensteter des Fürsten;
schwierige Ehe
berühmt, wohlhabend
phantasievoll, experimentierfreudig;
liebte volkstümliche Melodien

Berufliches
Sängerknabe, Musiklehrer, Tanzgeiger, Kapellmeister beim Fürsten Esterházy - 30 Jahre lang

Reisen
2 Reisen nach London, war dort sehr erfolgreich

Komponistenkollegen
Mozart, sein Freund
Beethoven, sein Schüler

Werke
108 Sinfonien
68 Streichquartette
29 Klaviertrios
21 Streichtrios
28 Klaviersonaten
32 Stücke für Spieluhr
4 Oratorien
20 Bühnenwerke
12 Messen

Besondere Ereignisse
12 berittene Polizisten mussten bei der Uraufführung der „Schöpfung" die Zufahrt für die Kutschen und Sänften freihalten.

Joseph Haydn
1732 – 1809

... eine Musik mit Knalleffekt

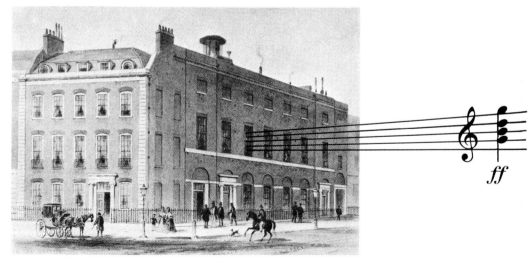

Sinfonie

Orchesterwerk mit mehreren Sätzen

Thema

Grundlegende Melodie in einer Komposition

Begleittöne für das Thema

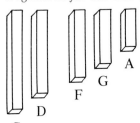

❶ Welche besondere Überraschung hat sich Joseph Haydn für den 2. Satz seiner Sinfonie Nr. 94 ausgedacht? So etwas hatte es bis dahin in der Musik noch nicht gegeben. Er gewann damit in London sogar einen öffentlichen Wettstreit mit einem anderen Komponisten.
❷ Wie haben die Zuhörer der Uraufführung vermutlich auf den „Knalleffekt" reagiert?
❸ Wie hat die Musik auf euch gewirkt?
❹ Womit erreicht Haydn diese Wirkung?

Spielvorschläge

❺ Bewegt euch im Takt der Musik durch den Raum. Wie verändert sich im Augenblick der „Überraschung" eure Bewegung?
❻ Spielt in einer kleinen Szene die Situation der Uraufführung nach. Mitwirkende: Dirigent, Musiker mit Instrumenten aller Art, unaufmerksame Zuhörer. Ihr könnt das Thema selbst spielen oder die Musik vom Tonträger übernehmen.

30 Joseph Haydn ...

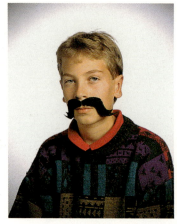

Joseph Haydn hat den 2. Satz seiner „Sinfonie mit dem Paukenschlag" als Variationensatz komponiert. Variation bedeutet Veränderung.
Im täglichen Leben begegnet ihr diesem Wort bei verschiedenen Gelegenheiten:
„Haben Sie sich aber verändert, Frau Müller!"
„Nun wird es aber Zeit, dass du dich endlich änderst."
„Da lässt sich leider nichts mehr ändern."

❶ Wer könnte diese Sätze sagen? Ändert ihre Bedeutung, indem ihr sie in unterschiedlicher Weise sprecht.
❷ Seht euch die Fotos an: Wie ändert der Junge sein Aussehen?
❸ Verändert euer Aussehen auf ähnliche Weise.
❹ Spielt Haydns Thema (S. 29) und verändert es. Hier vier Beispiele:

Variationen eines Gesichts

... eine Musik mit Veränderungen

1. Variation
Die ersten Violinen machen sich selbständig

2. Variation

3. Variation

4. Variation

Vl. = Violine;   Ob. = Oboe;   Fg. = Fagott;   Tr. = Trompete;   Tp. = Pauken

❶ Hört den 2. Satz der Sinfonie ganz. Schließt die Augen, damit ihr euch besser auf das Thema und seine Veränderungen konzentrieren könnt. Es passieren eine Reihe unerwarteter Dinge. Wenn ihr das Thema mitsingt, merkt ihr dies am besten.
❷ Beschreibt die veränderte Stimmung in den einzelnen Variationen: freundlich, wütend ... Findet eigene Überschriften.
❸ Lest die Anfänge der Variationen im Notenbild mit. Was bleibt gleich, was verändert sich?
❹ Bastelt einfache Puppen, die zu Thema und Variationen passen, z. B. ein freundliches Kerlchen für das Thema, eine Spitzentänzerin für die 3. Variation, und bewegt sie zur Musik.

❺ Die 2. Variation beginnt nicht in C-Dur, sondern in c-Moll. Was hat sich geändert?

32 Wir spielen Zirkus

Wir brauchen:
Zirkusarena
(Stühle, Tische)
Vorhang (Karten-
ständer, Stange,
großes Tuch)
Requisiten
(Reifen, Bälle...)

ZIRKUS FANTASIA

Schminke und Kostüme...
...und nicht zuletzt:
ein Programm mit attraktiven Zirkusnummern

Im Zirkus

Unser Orchester

❶ Welche Instrumente braucht ihr und wie spielt ihr sie, wenn
- der Clown hinfällt,
- eine Seiltänzerin balanciert,
- Pferde durch die Manege traben?

Weitere Ideen für eure Aufführung

Radha Sari – die indische Tüchertänzerin
Gesicht verbergen, Tuch flattern lassen, in die Luft werfen und wieder auffangen . . .

Kratzofono – der Flohdompteur
Der Floh kann: auf einem Seil balancieren, sich im Publikum verstecken . . .

Pizzicato – das Musikgenie
Instrumente falsch halten und spielen (Flöte streichen . . .), Einsatz verpassen, Noten falsch herum stellen . . .

Toscananu – der Meisterdirigent
Einsätze zur falschen Seite geben, falsche Bewegungen zu einem Musikstück ausführen, Taktstock suchen . . .

Im Tingeltangel

Text: Fritz Grasshoff,
Musik: Norbert Schultze, © Sikorski

2. Im Tingeltangel tut sich was,
die Leute wischen leichenblass
den Schweiß aus dem Gesicht.
Der Magier schlägt 'nen
Höllenkrach: Er kriegt sein
Medium nicht wach, er schafft
und schafft es nicht.
Refrain: Der Vorhang fällt,
das Licht geht an …

3. Im Tingeltangel tut sich was,
die Leute springen leichenblass
von ihren Plätzen auf.
Der Degenschlucker schnauft
und lutscht, ihm ist der
Degen reingerutscht mit Klinge,
Griff und Knauf.
Refrain: Der Vorhang fällt,
das Licht geht an …

Begleitfiguren

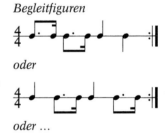

oder …

4. Im Tingeltangel tut sich was, das Publikum stürzt leichenblass und kreischend zum Entree. Die Riesendame ist zerpufft,
die Stücke fliegen durch die Luft und klatschen auf's Büffet.

36 Playback-Band

Musikerinnen und Musiker im Fernsehen tun meist nur so, als ob sie spielen und singen. In Wirklichkeit kommt die Musik vom Tonband. Dieses Verfahren nennt man Playback.

Ihr könnt eure Erfahrungen im Gespräch oder in einem Schreibspiel austauschen. Stellt ein paar Tische mit Papier in die Mitte des Raumes. Schreibt eure Meinung zur Band und zu den Meinungen der anderen auf.

Playback-Spaß-Band

Aus einem Kochlöffel mit einer Schnur wird ein Mikrofon, aus einem großen Stück Pappe entsteht eine Gitarre, der umgedrehte Papierkorb ist die Trommel . . .

Playback-Band

❶ Hört "Lively up yourself" von Bob Marley mehrmals an. Ihr müsst das Stück sehr gut kennen, bevor ihr zum Playback mitspielen könnt.
❷ Summt oder singt die Instrumentalstimme, die ihr spielen wollt. Die Bassstimme kommt mit nur zwei verschiedenen Mustern aus.
❸ Probiert Haltung und Spielweise „eures" Instrumentes aus (Schlagzeug, Bass, Gitarre, Keyboard).
❹ Mit Mikrofon und Verstärker könnt ihr mitsingen, vielleicht zu zweit – das ist einfacher!
❺ Zu anderen Playbacks dieses Buches könnt ihr ebenfalls singen und spielen.

Playback-Orchester 37

Ihr könnt im Playback auch ein ganzes Sinfonieorchester darstellen.

❶ Auf dem Bild seht ihr, welche Instrumente in einem Sinfonieorchester vorkommen. Beachtet, dass manche Instrumente in Gruppen, andere alleine oder zu zweit spielen.
❷ Hört euch den Variationssatz aus Joseph Haydns „Sinfonie mit dem Paukenschlag" an. Wann setzen welche Instrumente ein? Wie spielen sie (Tempo, Ausdruck, Lautstärke)?
❸ Und jetzt braucht ihr noch einen Dirigenten, der euch die Einsätze gibt. „Spielt" im Takt der Musik.

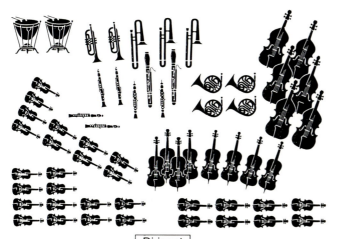

Auf dem Schaubild seht ihr noch einmal die Instrumente eines Klassischen Sinfonieorchesters. Beachtet, dass die Besetzung bei Haydn etwas anders ist. Es spielen: 2 Flöten, 2 Oboen, 2 Fagotte, 2 Hörner, 2 Trompeten, 2 Pauken, jeweils 6 erste und zweite Violinen, 4 Bratschen, 4 Celli und 2 Kontrabässe.

38 Licht und Schatten

Mit (den eigenen) Schatten zu spielen macht Spaß und ist ganz einfach: Eine stabil befestigte Leinwand (Holzrahmen, Kartenständer), eine oder mehrere Lichtquellen (Lampe, Tageslichtprojektor), Plattenspieler oder Kassettenrekorder, Schattenfiguren (sofern ihr nicht selber spielt), Verdunkelung, und schon geht's los.

Menschenschattenspiel

❶ Geht zu einer Musik eurer Wahl immer um die Leinwand herum. Vor der Leinwand seid ihr Zuschauer, hinter ihr bewegt ihr euch wie Tiere.

Figurenschattenspiel

❷ Spielt die „Geschichte vom Soldaten" (S. 43) als Schattenspiel. Zeichnet die drei Figuren – Soldat, Königstochter und Teufel – auf Pappe und schneidet sie aus. Als Griff könnt ihr z. B. einen hölzernen Schaschlikspieß befestigen.

❸ Kulissen könnt ihr ebenfalls aus Pappe ausschneiden oder auf Folien malen. Wenn ihr die Folien auf den Tageslichtprojektor legt, werden sie vergrößert und wirken riesig. Oder ihr projiziert Dias (von vorn) auf die Leinwand. Die Schatten spielen dann in den Bildern.

Handschattenbild

Das Lied „Ayşe und Jan" handelt von einem türkischen Mädchen und von einem deutschen Jungen. Beide streiten sich zunächst, aber dann werden sie Freunde.

❶ Spielt die Handlung als Schattenspiel zum Hörbeispiel oder zum eigenen Gesang.

Personen:
- Ayşe
- ihre Mutter
- ihre Brüder
- Jan
- sein Vater
- Oma Papenfuß

❷ Tipps zur Ausführung: Ein Lineal, das man auf den Projektor legt, wird durch die Vergrößerung zur Mauer. Ihr braucht es nur nach oben zu schieben, dann haben die Kinder ein Loch, durch das sie krabbeln können.
Als Stein könnt ihr zusammengeknülltes Papier nehmen.

Ayşe und Jan

Es waren einmal zwei Kinder, die hießen Ayşe und Jan.
Die waren Nachbarn und kannten sich nicht. So fängt die Geschichte an.
Zu Ayşe da sagt ihre Mutter: „Geh nicht zu dem deutschen Kind."
Und Jans Vater, der schimpft auf die Türken, weil das doch Ausländer sind.
La, la, la, la, la, la, la . . .

So spielten die Kinder alleine . . . ein jedes in seinem Hof.
Und beide Kinder fanden alleine spielen doof.
Und zwischendrin war eine Mauer . . . ein undurchdringliches Stück.
Da hat Jan die Ayşe gerufen . . . doch kam keine Antwort zurück.

Da hat er mit Steinen geworfen, und einer traf Ayşe am Kopf.
Da sind Ayşes Brüder gekommen und haben den Jan verkloppt.
Da ist der Jan ins Gebüsch dicht an der Mauer gekrochen
und hat geweint, als hätten ihn selbst mehr als zwanzig Steine getroffen.

Doch da hat er plötzlich dicht neben sich in der Mauer ein Loch entdeckt.
Durch das hat sich eine kleine Hand mit einem Stück Kuchen gestreckt.
Da hat sich der Jan gewundert und fragte: „Was ist das denn da?"
Und da sagte Ayşe ganz leise: „Für dich . . . ein Stück Baklava."

Und dann war der Jan bei der Ayşe und dann war die Ayşe beim Jan.
Sie machten das Mauerloch größer, so daß man gut durchkrabbeln kann.
Doch einmal hat Jans Vater nach seinem Sohn gefragt.
Und da hat unten im ersten Stock Oma Papenfuß gesagt:
„Der Jan hat vorhin bei den Türken, bei unsern Nachbarn gesessen
und hat mit der Ayşe zusammen eine Friedenstorte gegessen."

Jans Vater, der sagte: „Wie komisch!" Und stieg die Treppe hinauf.
Von Kindern da kann man was lernen . . . So hört die Geschichte auf.

Text und Musik: Fredrik Vahle,
© Aktive Musikverlagsgesellschaft

40 Die Geschichte vom Soldaten

Igor Strawinsky, Komponist

Charles F. Ramuz, Schriftsteller

An einem Abend des Jahres 1917 in einer Schweizer Kneipe:

Strawinsky: Also lieber Freund Ramuz, du schreibst das Drehbuch. Überlege dir, welche Szenen dargestellt, welche erzählt und welche getanzt oder nur vom Orchester gespielt werden sollen.

Ramuz: Keine leichte Aufgabe! Denke du vor allen Dingen daran, dass wir in diesen Kriegszeiten nur wenige Schauspieler und Musiker bezahlen können.

So könnte das Gespräch stattgefunden haben. Entstanden sind eine unglaubliche Geschichte und eine unglaubliche Musik.

Die Geschichte vom Soldaten

Ein Soldat marschiert in seine Heimat. Während er an einem Bach rastet und auf seiner geliebten Geige spielt, schleicht sich der Teufel an. Er überredet den Soldaten, seine Geige gegen ein Zauberbuch zu tauschen, mit dem er reich werden kann. Als der Soldat in seiner Heimatstadt ankommt, bemerkt er entsetzt, dass der Teufel ihn drei Jahre lang aufgehalten hat und seine Freunde ihn nicht mehr erkennen. Es nützt ihm nichts, dass er dem Teufel wütend an den Kragen will – Geschäft ist Geschäft. Obwohl der Soldat mit Hilfe des Zauberbuches ein reicher Mann wird, fühlt er sich einsam und unglücklich.
Da hört er von einer Prinzessin, die genauso unglücklich ist wie er, und marschiert zum Hof des Königs. Aber der Teufel ist ihm schon zuvorgekommen. Mit der Geige des Soldaten versucht er, die Prinzessin aus ihrer Traurigkeit zu erlösen, um sie anschließend zur Frau zu gewinnen. Das hatte der König demjenigen versprochen, der seine Tochter heilen würde. Nachdem der Soldat den Teufel beim Kartenspiel betrunken gemacht und seine Geige wiedergewonnen hat, erfreut er die Prinzessin mit Tänzen und erhält sie als Dank zur Frau. Mit einem Fluch will der Teufel nun das Glück der beiden zerstören. „Niemals sollst du deine Heimat wiedersehen." Nach der Hochzeit hat der Soldat Sehnsucht nach seiner Heimat und seine Frau ermuntert ihn, die Grenze zu überschreiten. Darauf aber hat der Teufel nur gewartet: Hohnlachend und triumphierend packt er den Soldaten und fährt mit ihm zur Hölle.

❶ Schließt die Augen und stellt euch eine Musik zu jeder der drei Hauptpersonen vor. Vergleicht eure Vorstellungen.

❷ Hört nun drei Ausschnitte aus Igor Strawinskys „Geschichte vom Soldaten". Könnt ihr sie dem Soldaten, dem Teufel und der Prinzessin zuordnen?

Marsch des Soldaten

Igor Strawinsky

© Chester, London; für Deutschland: Hansen, Frankfurt

Text des Soldaten

Zwischen Chur und Wallenstadt
heimwärts wandert ein Soldat,
Urlaub hat er vierzehn Tag',
wandert, was er wandern mag,
Urlaub hat er ganze vierzehn Tag'.
Wandert über Stock und Stein;
sehnt sich, längst daheim zu sein.

© Edition W. Hansen

Aus dem Anfang der Partitur könnt ihr einiges über Strawinskys Musik herauslesen:

❶ Der Komponist hat aus drei Instrumentenfamilien je ein hohes und ein tiefes Instrument ausgewählt.
❷ Welche Instrumente beginnen, welche folgen?
❸ Hört den Anfang des Werkes ohne Sprecher und verfolgt die Einsätze der Instrumente in der Partitur.

❹ Sprecht den Text im Rhythmus des marschierenden Soldaten.
❺ Begleitet euch dazu auf Schlaginstrumenten.
❻ Hört den Anfang des Werkes mit Sprecher.

II 10   42   *Die Geschichte vom Soldaten*

❶ Im „Marsch des Soldaten" melden sich die Instrumente einzeln zu Wort. Ordnet die vier Notenbeispiele den Instrumenten Trompete, Violine, Klarinette und Fagott zu.

❷ Strawinskys Musik galt zu seiner Zeit als revolutionär. Ihr könnt das spüren, wenn ihr einen damals beliebten Militärmarsch mit dem „Marsch des Soldaten" vergleicht.

❸ Marschiert zu beiden Musikausschnitten. Ob unser Soldat aus dem Tritt (Takt) gebracht werden soll?

© *Edition W. Hansen*

... drei Szenen

43   II 11–14

Szene am Bach

Der Marsch des Soldaten und der Pakt mit dem Teufel (s. S. 40)

Am Hofe des Königs

Der Soldat spielt der Prinzessin drei Tänze vor, durch die sie schließlich gesund wird: Tango, Walzer und Ragtime.

❶ Spielt zu den Tänzen auf Schlaginstrumenten mit.
❷ Wählt einen Tanz aus und bewegt euch dazu, als wäret ihr die Prinzessin.

An der Grenze

Der Teufel triumphiert.

❸ Wie unterscheidet sich der Tanz des Teufels von den Tänzen der Prinzessin?
❹ Mit welchem Instrument endet der „Triumphmarsch" des Teufels? Warum?
❺ Anders als in den meisten Märchen siegt das Böse über das Gute. Kann man das auch hören?
❻ Überlegt: Zu welchen Szenen wollt ihr
- die Originalmusik verwenden,
- eine eigene Musik machen,
- tanzen,
- sprechen oder eine Pantomime erfinden,
- ein Schattenspiel aufführen?

Ein Sprecher kann die fortlaufende Handlung zwischen den Szenen erzählen.

44 „Das Phantom der Oper" …

❶ Fertigt eine Halbmaske aus Papier an. Befestigt sie mit einem Band vor eurem Gesicht.
Nehmt die Rolle des Phantoms ein. Bewegt euch zur Musik der Ouvertüre durch den Raum – mit und ohne Maske. Beschreibt die Veränderungen, die ihr dabei erlebt habt.

❷ Kennt ihr Außenseiter? Was macht einen Menschen dazu? Wie gehen andere Menschen mit ihm um? Aus welchen Gründen? Gibt es Augenblicke, in denen ihr euch auch schon einmal „außen" gefühlt habt?

❸ In einem Moment großer Verzweiflung spricht Eric (das Phantom) von seiner Qual, die er hinter seinem Schrecken erregenden Verhalten verbirgt. Hört die Musik zu dieser Szene. Vergleicht sie mit dem Thema des Phantoms.

„Das Phantom der Oper" ist ein Musical von Andrew Lloyd Webber (geb. 1948). Die Geschichte spielt im 19. Jahrhundert in der Pariser Oper. Geheimnisvolles ereignet sich nicht nur in ihren unterirdischen Gewölben, sondern auch im Zuschauerraum und auf der Bühne – sogar während der Vorstellung.
Die Hauptrolle spielt das Phantom: Niemand kennt sein Gesicht. Es lebt verborgen im Dunkeln. Von seiner Existenz zeugen ein herabstürzender Kronleuchter, Schatten, geheimnisvolle Stimmen, ein Toter …
Im Verlauf des Musicals erfährt der Zuschauer Einzelheiten …

Steckbrief des Phantoms

Name: Eric
Als Kind wegen seines entstellten Gesichts auf dem Jahrmarkt zur Schau gestellt;
wird im Verlauf seines Lebens ein genialer Musiker, Architekt, Spezialist für Falltüren und Labyrinthe;
verbirgt sich vor der Welt in den Katakomben unter dem Opernhaus;
trägt eine Maske, um seine Hässlichkeit vor den Menschen zu verbergen; seine Mutter hatte sie ihm aufgesetzt, weil sie den Anblick des eigenen Sohnes nicht ertragen konnte;
Eric wird zum Außenseiter;
er ist einsam.

... ein Musical

Einige Szenen des Musicals spielen auf der Bühne des Pariser Opernhauses: Während der Aufführung einer Oper aus der Barockzeit passieren unheimliche und auch komische Dinge: Eric, das Phantom, will erreichen, dass die von ihm geliebte – und insgeheim ausgebildete – Sängerin die Hauptrolle spielt anstatt der Primadonna Carlotta.
Wie Operngeschehen und Handlung des Musicals sich vermischen, könnt ihr aus der folgenden Szene heraushören:

Gräfin (Carlotta): Serafimo – nun fort mit diesem Kleid. Bist du auch stumm, ich küss dich, weil mein Gatte fort ist – zum Lachen dieser Narr – haha – ist er fort, geht's mir mitunter wunderbar.
Gräfin und Chor: Sein Abschied macht mich froh – hoo-hoo- gut, dass er so dumm ist und nicht weiß, wieso.
Stimme des Phantom: Habe ich nicht befohlen, Loge 5 freizuhalten?
Meg (Tänzerin): Ganz nah ist das Phantom der Oper ...
Christine: Das ist er ... ich weiß es, das ist er ...
Raoul (Graf, der Chr. liebt): Christine!
Carlotta: Deine Rolle ist stumm, kleine Kröte!
Phantom: Eine Kröte, Madame? Vielleicht sind Sie die Kröte ...
Carlotta: Maestro, da capo, per favore. – Serafimo – nun fort mit diesem Kleid – bist du auch stumm, ich küss dich, weil mein Gatte ... quak ...
Carlotta: Zum Lachen dieser Narr – haha-haha – quak, quak, quak...

Phantom: Seht her! Sie singt, dass der Kronleuchter herunterfällt.
Carlotta: Non posso piu ... Ich kann nicht ... ich kann nicht.
Piangi: Cara ...Cara ... Ich bin da ... Es ist gut ... Komm, hier bin ich ...
Firmin: Meine Damen und Herren, bitte entschuldigen sie den Zwischenfall. Die Vorstellung wird fortgesetzt in 10 Minuten. Die Rolle der Gräfin wird dann gesungen von Mademoiselle Christine Daée.
Christine: Raoul!
Raoul: Sei ganz ruhig. Ich bin hier.
André: Inzwischen, meine Damen und Herren, geben wir das Ballett aus dem 3. Akt der heutigen Oper. Maestro – ziehen sie das Ballett vor – das Ballett – sofort!
Christine: Raoul! Raoul!
Firmin: Meine Damen und Herren, bitte bleiben Sie auf ihren Plätzen. Es besteht kein Grund zur Panik. Es handelt sich lediglich um einen Unfall ... einen Unfall!

(Christine und Raoul fliehen auf das Dach der Oper)

❶ Vergleicht:
• die Art des Singens in der Oper mit dem Gesang im Musical,
• die Melodie der Arie mit derjenigen des Songs auf Seite 46.
Achtet dabei auf die Sprache, Wiederholungen, Reim ...
❷ Hier einige Tipps zum Nachspielen der Szene:
• Haltet den Ablauf der Szene in Stichpunkten fest, z. B.:
1. Auf der Opernbühne: Arie;
2. Aus den Kulissen: Stimme des Phantoms ...
• Übt einzelne Situationen erst ohne, dann mit Musik.
• Wie bewegen sich die Sängerin, die aufgeregten Direktoren Firmin und André?
Welche Mimik und Gestik passen zu ihren Rollen?
• Durch welche Requisiten werden die Darsteller am besten charakterisiert?
• Wie könnt ihr die Stimme des unsichtbaren Phantoms besonders eindrucksvoll erklingen lassen?

Text: Charles Hart, deutscher Text: Michael Kunze, © Polygram Songs

---

Musical: Unterhaltungstheater mit gesprochenen Dialogen, balllettnahen Tänzen, Songs, Chören und Show-Effekten; swingende Melodik und Rhythmik; Jazz- und Rockeinfluss;
Oper: Schauspiel, dessen Text gesungen wird, mit Arien, Ensembles (Duette, Terzette, Quartette ...), Rezitativen, Chören, Balletten, „klassischer Musik"
Ouvertüre: Einleitungs-, Eröffnungsmusik
Arie: Sologesang in einer Oper
Rezitativ: Sprechgesang
Koloratur: Verzierungen einer Gesangsstimme (Triller, Läufe, Sprünge)
Chor: Mehrstimmiger Gesang; an der Handlung beteiligt
Ballett: Bühnentanz, auch als Zwischenspiel der Oper
Belcanto: der schöne, kunstvolle, ausdrucksstarke Gesang
Song: Sololied im Musical
Duett: Gesangsstück für 2 Stimmen
Terzett: Gesangsstück für 3 Stimmen

46 Im unterirdischen Labyrinth

Musik: A. L. Webber,
deutscher Text: Michael Kunze,

Er sang, sobald ich schlief, und kam mir nach.
Mir schien, dass er mich rief und mit mir sprach…
Träum' ich denn immer noch, ich fühl' es hier.
Ganz nah ist das Phantom der Oper da.
Es lebt in dir.

Der Mann mit der Maske entführt Christine durch ein Labyrinth von Gängen in sein unterirdisches Versteck. In einem Boot gleiten sie über einen See: Christine soll auf immer in seiner dunklen Unterwelt bleiben. Sie wird ohnmächtig.

❶ Singt das Duett Christine/Phantom mit. Warum hat der Komponist von Strophe zu Strophe die Tonhöhe geändert?
❷ Begleitet euren Gesang mit Stabspielen auf dem Grundton der Akkorde und mit dem Keyboard.
❸ Verbindet das Lied mit der sich anschließenden „Demaskierung" des Phantoms zu einem pantomimischen Spiel:
Das Phantom spielt auf seiner Orgel – Christine erwacht aus ihrer Ohnmacht, reißt ihm die Maske fort – sie blickt entsetzt in sein entstelltes Gesicht …
Stellt zur erklingenden Musik die wechselnden Gefühle der beiden dar: Verträumtheit – Angst – Schrecken – Wut – Sehnsucht – Liebe.
Wo könnt ihr diese Gefühle in der Musik wiederentdecken?

Phantom: Komm sing mit mir heut nacht
bei Kerzenschein …
dann fängt dich meine Macht
noch stärker ein –
und wendest du den Blick
auch ab von mir – ganz nah
ist das Phantom der Oper da,
es lebt in dir …
Christine: Wer dein Gesicht je sah,
der fürchtet dich,
ich dien' als Maske dir –
Phantom: Doch hört man mich …
Beide: Dein/mein Geist und dein/mein Gesang
so wirken wir:
Ganz nah ist das Phantom der Oper da,
es lebt in dir/mir.
Stimmen hinter der Bühne:
Ganz nah ist das Phantom der Oper,
Gefahr – flieht vorm Phantom der Oper.
Phantom: Du ahnst als Medium,
was ist und scheint –
Mensch und Mysterium …
Christine: … in dir vereint …
Beide: Im Labyrinth der Nacht
liegt dein/mein Revier –
ganz nah ist das Phantom der Oper da,
es lebt in dir/mir.
Phantom: Sing, mein Engel der Lieder!
Christine: Ganz nah ist das Phantom der Oper.
Phantom: Sing! Sing für mich …

© Polygram Songs

Hinter den Kulissen

Andrew Lloyd Webber (geb. 1948), Komponist der Musicals: „Jesus Christ Superstar", 1971 – „Evita", 1976 – „Cats", 1981 – „Starlight Express", 1984 – „Phantom der Oper", 1986

Erfolgreiche Musicals wie z. B. „Das Phantom der Oper" werden viele Jahre aufgeführt. Das Publikum kommt von weit her. Reiseunternehmen bieten Ausflüge an: Besuch des Musicals inkl. Busfahrt, Übernachtung und Stadtbesichtigung.

Andrew Lloyd Webber:
„Ich muss es tun, so – und nicht anders. Das Stück hat mich Schweiß und Tränen gekostet, wenn ich zumindest einmal einen der größten Briten dieses Jahrhunderts, nämlich Churchill, zitieren darf. Aber jeden Abend bringe ich mit Hilfe meiner Super-Mitarbeiter das Publikum dazu, mit dem Phantom wenigstens einen Moment lang zu weinen. Nochmal, diesmal ohne jede Bescheidenheit, im Sinne von Churchill: Victory. Wir haben gewonnen."

Krawalle in Hamburg bei Musical-Premiere
4000 Polizeibeamte im Einsatz / Mehrere Verletzte
Bereits am Nachmittag war es zu Krawallen gekommen, nachdem etwa 400 Chaoten sich vor dem alten „Flora"-Theater am Schulterblatt versammelt hatten. In diesem Theater hatte das Musical ursprünglich aufgeführt werden sollen. Dieser Plan war jedoch an dem erheblichen und gewalttätigen Widerstand der Anwohner gescheitert.
(Die Welt)

„Unsere Klasse wollte gerne nach Hamburg fahren. Aber es war zu teuer."
(Schülerin)

Publikum feierte „Das Phantom der Oper" wie ein Großereignis
Der Jubel war so, wie man ihn sich nach all den Monaten voller PR- und Drumherumwirbel ausrechnen konnte: frenetisch. Das feine Premieren-Publikum feierte gestern abend in Hamburgs eigens erbauter „Neuen Flora" Andrew Lloyd Webbers Musical „Das Phantom der Oper" wie ein Großereignis.
(Kieler Nachrichten)

Kandierter Kitsch in kalter Pracht
Es stimmt, wenn damit geworben wird, dass es sich beim „Phantom" weder um eine Oper noch um ein Musical handelt; es stimmt aber nicht, dass dabei etwas gänzlich Neues herausgekommen ist, es sei denn, man hielte Dürftigkeit für eine Novität. Erschüttern kann das „Phantom" nicht – höchstens einen Seh-Mann. (Hamburger Abendblatt)

„Wenn ich in meiner Garderobe die ersten Takte der Ouvertüre höre, muss ich mich wie bei der Nationalhymne von meinem Stuhl erheben. Ich blicke in den Spiegel und sehe das Gesicht des Phantoms. Ich bekomme eine Gänsehaut, und dann ... bin ich Eric."
(Michael Crawford, Schauspieler)

❶ Stellt Nachforschungen an:
• Woher stammt die Geschichte des „Phantom"?
• Warum gibt es nur in wenigen Großstädten Aufführungen?
• Warum spielen nicht immer die gleichen Schauspieler?
• Wie hoch sind die Eintrittspreise?
• Wie wird geworben?
• Wo entstehen Kosten bei der Produktion und Aufführung des Musicals? Wer bezahlt diese?
• Läuft in eurer Nähe gerade ein Musical? Was berichten die Zeitungen darüber? Gibt es Ermäßigungen für Schüler?
❷ Die Ergebnisse eurer Arbeit am Musical „Phantom der Oper" könnt ihr zusammenfassen:
• in einem fiktiven Interview mit den Schauspielern hinter der Bühne, mit dem Komponisten, mit den Chorsängern, den Orchestermusikern, mit Premierenbesuchern ...
• in einem Bericht für eure Schülerzeitung
• auf einer Plakatwand.

48 Ein Song aus „Grease" …

Während der Sommerferien haben sich Danny und Sandy ineinander verliebt. Und so haben die beiden in ihren Cliquen, den „Burgers" und den „Pink Ladies" zu Beginn des folgenden Schuljahrs viel zu erzählen …

blast – Explosion
cute – niedlich
cramp – Krampf
damp – nass
to be drowned – ertrinken
he showed off – er gab an
we made out – wir kamen uns näher

❶ Singt den Song mit verteilten Rollen. Text und Melodie lernt ihr schnell, wenn ihr die Noten beim Hören mitverfolgt.
❷ Findet im Text und in den Noten heraus, wo die Berichte und die Musik der beiden übereinstimmen und wo nicht.
❸ Was könnt ihr über Danny und seine Freunde, über Sandy und ihre Freundinnen erfahren? Überlegt, wie ihr euch an deren Stelle in dieser Situation verhalten würdet.

... backstage

Bei einem Musicalabend an einer Münchener Schule waren beteiligt:

Auf der Bühne:
– 8 Schauspielerinnen
– 32 Sänger, Chormitglieder
– 12 Tänzerinnen

Abseits der Bühne:
– 6 Bandmusikerinnen
– 1 musikalischer Leiter
– 2 Tontechniker
– 1 Regisseurin
– 1 Regieassistent
– 1 Programmheftredakteur
– 4 Programmheftautoren
– 4 Programmheftverkäufer
– 1 Kassenwart
– 2 Kartenverkäuferinnen
– 8 Saalordner
– 1 Bühnenbildnerin
– 12 Bühnentechniker
– 2 Lichttechnikerinnen
– 5 Beleuchter
– 1 Ausstatterin
– 3 Kostümschneiderinnen
– 3 Maskenbildner
– 5 Verkäufer für Speisen und Getränke
– 1 Plakatdesignerin
– 1 tüchtiger Schulleiter
– 1 tatkräftiger Elternbeirat
– 1 freundlicher Hausmeister
– viele Helfer

Text und Musik:
Warren Casey/Jim Jacobs,
© Chappell

❶ Wählt aus, welche Aufgaben ihr bei einer Musicalaufführung an eurer Schule übernehmen wollt.
❷ Informiert euch über die unterschiedlichen Berufe an einem professionellen Musicaltheater.

Da sprach der alte Häuptling der Indianer

Text: Peter Wehle, Musik: Werner Scharfenberger

1. Schön war sie, die Prärie, alles war wunderbar. Da kam an weißer Mann, wollte bau'n Eisenbahn, jipp, jipp, jipp!
Refrain: Da sprach der alte Häuptling der Indianer: „Wild ist der Westen, schwer ist der Beruf! Uff!" Da sprach der alte Häuptling der Indianer: „Wild ist der Westen, schwer ist der Beruf! Uff! Uff! Uff!"

2. Böse geht er nach Haus und er gräbt Kriegsbeil aus. Seine Frau nimmt ihm keck, Kriegsbeil und Lasso weg.
Refrain: Da sprach der alte Häuptling …

3. Häuptling schrie ziemlich laut, fuhr fast aus roter Haut. Seine Frau nahm sich Pfeil, stach ihn ins Hinterteil.

4. Eisenbahn spuckte Dampf, Häuptling kam, wollt Kampf! Weißer Mann sprach: „Komm her. Du bist gleich Kondukteur!"

© Atlas

❶ Spielt dieses Lied mit verteilten Rollen zum Hörbeispiel. Wie wäre es mit passender Verkleidung oder Requisiten?

❷ Informiert euch darüber, ob das Verhältnis zwischen Indianern und Weißen wirklich so harmlos war, wie es im Text dargestellt wird.

Humorvolle Lieder ...

Dirndl, willst an Edlknabn?

1. „Dirn-dl, willst an E-dl-knabn, o-der willst an Ja-ger habn?" „Na, na, koan Ja-ger mag i net! Da hoa-ßats glei: Frau Ja-ger-in und die Bü-xn-pu-tze-rin, na, na, koan Ja-ger mag i net."

❶ Erfindet weitere Strophen.

2. „Dirndl willst an Edlknabn oder willst an Schneider habn?"
„Na na, koan Schneider mag i net.
Da hoaßats glei: Frau Schneiderin und die Fleckl-Stehlerin,
na na, koan Schneider mag i net."
3. Bader ... – Soafnspritzerin
4. Lehrer ... – Tintnpatzerin
5. Doktor –   ?
6. Pop-Star –   ?
Letzte Strophe: „Dirndl, willst an Edlknabn, oder willst
an Bauern habn?"
„Ja ja, an Bauern mag i wohl.
Da hoaßats glei, Frau Bäuerin und die Krapfn-Bacherin, ja ja,
an Bauern mag i wohl."

(Fleckl-Stehlerin: früher durfte ein Schneider von jedem ihm gebrachten Stoff eine Ellenlänge davon – einen Flecken – für sich wegnehmen;
Bader – Frisör; Soafn – Seife; Krapfn-Bacherin „Krapfen-Bäckerin")

Ein „Zwiefacher" ist ein Tanz, bei dem sich gerade und ungerade Taktarten ständig abwechseln. Beim Tanzen muss man Zweischritt- und Dreischrittfolgen richtig kombinieren und das ist oft gar nicht so leicht ...

❷ Die Gruppe „Haindling" hat sich von diesem Zwiefachen zu einer eigenen Version anregen lassen. Findet Gemeinsamkeiten und Unterschiede zur originalen Vorlage heraus.

Leut, müaßts lustig sei

Leit, Leit, Lei-tl müaßts lus-tig sei, lus-tig sei, derfts, derfts, derfts net so trau-rig sei, trau-rig sei, denn, denn, denn mit der Trau-rig-keit, Trau-rig-keit, kimmt, kimmt, kimmt ma net weit.

... aus Bayern 53

Die Brüder Hans, Michael und Christoph Well, bekannt als die „Biermösl Blosn", verbinden in vielen ihrer Lieder bayerische Volksmusik mit bissigen gesellschaftskritischen Texten. Bei diesem Lied hat die Gruppe ein altes Volkslied um eine aktuelle Strophe ergänzt.

Musik: Konrad Kunz,
Satz und Text d. 4. Strophe: Christoph Well,
© Christoph Well

Wos braucht ma aufm Bauerndorf?

1. Wos braucht ma aufm Bauerndorf, wos braucht ma aufm Dorf?
   An Bäcker, der guat backt und d'Semmeln net z'kloa macht,
   a Schuihaus mit am Lehrer drin, an Doktor und a Medizin,
   des braucht ma aufm Bauerndorf, des braucht ma aufm Dorf.

2. Wos braucht ma aufm Bauerndorf, wos braucht ma aufm Dorf?
   An Knecht, der net bloß schwitzt, wann er beim Essen sitzt,
   a Katz, de wo recht fleißig maust, a Dirn, der wo's vor gor nix graust,
   des braucht ma aufm Bauerndorf, des braucht ma aufm Dorf.

3. Wos braucht ma aufm Bauerndorf, wos braucht ma aufm Dorf?
   An Stier, der fleißig springt, an Pfarrer, der schee singt,
   a Harpfn und an Dudlsack, an guadn Rauch- und Schnupftabak,
   des braucht ma aufm Bauerndorf, des braucht ma aufm Dorf.

4. Wos gibts no aufm Bauerndorf, wos gibts no aufm Dorf?
   Koan Schuaster und koan Bäcker, de kloana Baurn verrecka,
   in d' Stodt fahrn d' Leit zur Arbat nei, auf d'Nacht schoin s' an Fernseher ei,
   so is' heit aufm Bauerndorf, so is' heit aufm Dorf.

... aus Deutschland

Mein kleiner grüner Kaktus

2. Man find't gewöhnlich die Frauen ähnlich
den Blumen, die sie gerne tragen.
Doch ich sag' täglich: das ist nicht möglich,
was soll'n die Leut' sonst von mir sagen.
Mein kleiner grüner Kaktus ...

3. Heute um Viere klopft's an der Türe,
nanu, Besuch so früh am Tage?
Es war Herr Krause vom Nachbarhause,
er sagt: „Verzeih'n Sie, wenn ich frage.
Sie hab'n doch einen Kaktus da draußen
am Balkon, hollari, hollari, hollaro!

Der fiel soeben runter, was halten Sie
davon? Hollari, hollari, hollaro!
Er fiel mir auf's Gesicht, obs' glauben oder
nicht,
jetzt weiß ich, dass ihr grüner Kaktus
sticht, sticht, sticht.
Bewahr'n Sie ihren Kaktus gefälligst
anderswo, hollari, hollari, hollaro!"

Deutscher Text: Hans Herda, Musik: Bert Reisfeld/
Albrecht Marcuse, © Wiener Bohème Verlag

56 Gespräche   II 26

Ich will jetzt gleich König sein

Text und Musik: Elton John/Tim Rice,
deutscher Text: Frank Lenart

2. (Zazu): Ich glaube, du verstehst mich nicht, nun höre endlich zu!
   (Simba): Ich brauch keinen Rat von einem Schnabelmann, Zazu!
   (Zazu): Und wenn das Königshaus sich so entwickelt, will ich raus,
   raus aus allem, raus aus Afrika, ich wand're lieber aus!
   Dein Vater würde so was nie verzeih'n!
   (Simba): Oh, ich will jetzt gleich König sein!
   Jeder sieht nach links und – jeder sieht nach rechts und –
   jeder sieht auf mich und – sieht auf meine Zukunft.

© Neue Welt

Father and Son

Father:
It's not time to make a change,
just relax, take it easy,
you're still young, that's your fault,
there's so much you have to know.
Find a girl, settle down,
it you want to, you can marry,
look at me, I am old, but I'm happy.

I was once, like you are now,
and I know, that it's not easy,
to be calm, when you've found
something's going on,
but take your time, think a lot,
why think of ev'rything you've got,
for you will still be here tomorrow,
but your dreams may not.

Boyzone, 1995

Cat Stevens, 1971

It's not time to make a change,
just sit down, take it slowly,
you're still young, that's your fault,
there's so much you have to go trough.
Find a girl, settle down,
it you want to, you can marry,
look at me, I am old, but I'm happy.

Son:
How can I try to explain,
when I do, he turns away again,
it's always been the same, same old story,
from the moment I could talk,
I was ordered to listen,
now there's a way, and I know,
that I have to go away,
I know, I have to go.

All the times, that I've cried,
keeping all the things I knew inside,
it's hard, but it's harder to ignore it.
If they where right, I'd agree,
but it's them they know, not me
now there's a way, and I know,
that I have to go away,
I know, I have to go.

© Westbury

❶ Die Melodie dieses Songs aus dem Jahr 1970 lernt ihr leicht mit Hilfe des Tonträgers.

❷ Hört eine Aufnahme (eine sogenannte Cover-Version) dieses Songs, gesungen von der Gruppe „Boyzone".
Wo gibt es Gemeinsamkeiten und Unterschiede bei beiden Fassungen?

58 Liebeslieder

  II 29

❶ Vertieft euch in das Bild. Beschreibt die Stimmungen und Gedanken, die euch dazu kommen.
❷ Erinnert euch an ein Lied, das zu diesem Bild passt.
❸ Singt oder summt „Yesterday" mit. Wie wirkt das Lied auf euch? Beschreibt die Gedanken, Gefühle und Stimmungen, die entstehen. Achtet auf Melodie, Rhythmus, Instrumente und Stimme.
❹ Worum geht es im Text?
❺ Sagt dieses Lied von 1965 euch noch etwas?
❻ Stellt euch eine Situation vor, zu der dieses Lied gut passt. Singt oder summt mit dieser Vorstellung zum Playback.

Yesterday

Yes - ter - day, all my trou - bles seemed so far a - way.
Sud - den - ly, I'm not half the man I used to be,

Now it looks as though they're here to stay. — Oh, I be - lieve — in yes - ter - day. —
there's a sha - dow hang - ing o - ver me. — Oh, Yes - ter - day — came sud - den - ly. —

Why she had to go I don't know, she would - n't say. I said

some - thing wrong now I long for yes - ter - day. — Yes - ter - day,

love was such an ea - sy game to play. Now I need a place to hide a - way. — Oh,

I be - lieve — in yes - ter - day. — Mm —

Text und Musik: John Lennon und Paul McCartney, © Music Sales

Ich lieb' dich überhaupt nicht mehr

Es tut mir nicht mehr weh – endlich nicht mehr weh
wenn ich dich zufällig mal wiederseh'
es ist mir egal, so was von egal
und mein Puls geht ganz normal
musst nicht glauben, dass ich ohne dich nicht klar komm'
ich komm' sehr gut zurecht
kannst ruhig glauben, all die anderen Frauen
die sind auch nicht schlecht

Ich lieb' dich überhaupt nicht mehr
das ist aus, vorbei und lange her
endlich geht's mir wieder gut
und ich hab' jede Menge Mut
und ich steh' da richtig drüber

Den Fernseher, den ich eingetreten hab'
hat die Versicherung voll bezahlt
die Wohnung sieht jetzt anders aus
nichts erinnert mehr an dich
ich hab' alles knallbunt angemalt
nur, wenn ich manchmal nachts nicht schlafen kann
geh' ich in die Kneipe und sauf' mir einen an
was redest du, da wär' so 'ne Trauer in meinem Gesicht
was für'n Quatsch –
das ist doch nur das Kneipenlicht

Ich lieb' dich überhaupt nicht mehr
das ist aus, vorbei und lange her

Guck mich bitte nicht mehr so an
fass mich bitte nicht mehr so an
das zieht bei mir nicht mehr
geh doch einfach weiter
hat doch keinen Zweck
ey, du weißt doch
sonst komm' ich da niemals drüber weg
ich komm' da niemals drüber weg

Udo Lindenberg (geb. 1946)
© Polygram Songs

Das zerbrochene Ringlein

In einem kühlen Grunde,
Da geht ein Mühlenrad,
Mein' Liebste ist verschwunden,
Die dort gewohnet hat.

Sie hat mir Treu' versprochen,
Gab mir ein'n Ring dabei,
Sie hat die Treu' gebrochen,
Mein Ringlein sprang entzwei.

Ich möcht' als Spielmann reisen
Weit in die Welt hinaus,
Und singen meine Weisen
Und gehn von Haus zu Haus.

Hör' ich das Mühlrad gehen:
Ich weiß nicht, was ich will –
Ich möcht' am liebsten sterben,
Da wär's auf einmal still!

Josef von Eichendorff (1788–1857)

❶ Lest die beiden Texte. Stellt euch eine Geschichte vor, die zu einem der Texte oder zu beiden passt. Wenn ihr mögt, könnt ihr sie der Klasse erzählen.

❷ Vergleicht die beiden Texte: Was ist gleich, was ist anders?

❸ Beide Texte sind Liedtexte. Überlegt, wie diese Lieder klingen könnten. Denkt z. B. an Melodieverlauf, Instrumente, Rhythmus, Stimmklang, Lautstärke …

❹ Hört euch die Lieder an. Vergleicht sie miteinander und mit euren Vorstellungen.

60 Gegen Krieg und Unterdrückung

Where have all the flowers gone

1. Where have all the flowers gone?
   Long time passing.
   Where have all the flowers gone?
   Long time ago.
   Where have all the flowers gone?
   The girls have picked them ev'ry one.
   When will you ever learn?
   When will you ever learn?

1. Sag' mir, wo die Blumen sind,
   wo sind sie geblieben?
   Sag' mir, wo die Blumen sind,
   was ist gescheh'n?
   Sag' mir, wo die Blumen sind,
   Mädchen pflückten sie geschwind.
   Wann wird man je versteh'n?
   Wann wird man je versteh'n?

2. Where have all the young girls gone …
   gone to husbands ev'ryone …
3. Where have all the husbands gone …
   gone to soldiers ev'ryone …
4. Where have all the soldiers gone …
   gone to graveyards ev'ryone …
5. Where have all the graveyards gone …
   covered with flowers ev'ryone …
6. Where have all the flowers gone …
   the girls have picked them ev'ryone …

2. Sag' mir, wo die Mädchen sind …
   Männer nahmen sie geschwind …
3. Sag' mir, wo die Männer sind …
   zogen fort, der Krieg beginnt …
4. Sag', wo die Soldaten sind …
   über Gräber weht der Wind …
5. Sag' mir, wo die Gräber sind …
   Blumen weh'n im Sommerwind …
6. Sag' mir, wo die Blumen sind …
   Mädchen pflückten sie geschwind …

Text und Musik: Pete Seeger, deutscher Text: Max Colpet, © Essex

Zogen einst fünf wilde Schwäne

Zo-gen einst fünf wil-de Schwä-ne, Schwä-ne leuch-tend weiß und schön.
Sing, sing, was ge-schah? Kei-ner ward mehr ge-se-hen. Ja! sehn.

2. Wuchsen einst fünf junge Birken schön und schlank am Bachesrand.
   Sing, sing, was geschah? Keine in Blüten stand. Ja!

3. Zogen einst fünf junge Burschen stolz und kühn zum Kampf hinaus.
   Sing, sing, was geschah? Keiner kehrt nach Haus. Ja!

4. Wuchsen einst fünf junge Mädchen schön und schlank am Memelstrand.
   Sing, sing, was geschah? Keins den Brautkranz wand. Ja!

*Text und Musik:
überliefert aus
Litauen (19. Jh.),
deutscher Text:
Karl Plenzat (1917),
© Hofmeister*

Donaj, donaj

1. Oj-fn fo-rel ligt a kel-bl, ligt ge-bun-dn mit a schtrik,
   hojch in hi-ml fligt a foi-gl fligt un drejt sich
   hin un tsrik. Lacht der wind in ko-rn, lacht un lacht un lacht,
   lacht er op a tog, a gan-tsn un a hal-be nacht.
   Do-naj, do-naj, do-naj, do-naj. Do-naj, do-naj, do-naj-dai.
   Do-naj, do-naj, do-naj, do-naj. Do-naj, do-naj, do-naj-daj.

2. Schreit dos kelbl, sogt der pojer, wersche hejst dich sajn a kalb?
   Wolst gekent doch sajn a foigl, wolst gekent doch sajn a schwalb.
   Lacht ...

3. Bidne kelblech tut men bindn, un men schlept sej un men schecht.
   Wer's hot fligl, flit arojf tsu, is bej kejnem nischt kejn knecht.
   Lacht ...

*Text: Aaron Zeitlin,
Musik: Sholom Secunda,
© JMP*

62 Unterwegs auf hoher See

Kreuzfahrten und Segelschiffe – wer denkt da nicht an Freiheit und Abenteuer?
"I am sailing" wurde zum Klassiker der Popmusik, wohl auch deshalb, weil wir unsere Träume auf die Reise schicken . . .

Sailing

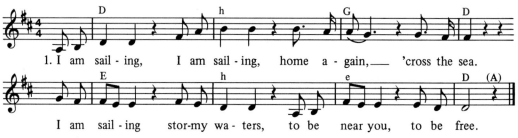

Keyboard-Begleitung

❶ Hört euch zu diesem Lied zwei verschiedene Fassungen an: Wie unterscheiden sie sich? Welche gefällt euch besser?

2. I am flying, I am flying
like a bird 'cross the sky.
I am flying passing high clouds,
to be with you, to be free.

3. Can you hear me, can you hear me,
thro' the dark night far away.
I am dying forever trying
to be with you who can say.

4. We are sailing, we are sailing
home again 'cross the sea.
We are sailing, stormy waters,
to be near you, to be free.

to sail – segeln
cross (across) – durch, über
bird – Vogel
cloud – Wolke
to die – sterben
stormy – stürmisch

Text und Musik: Gavin Sutherland © Polygram Songs

63

Das letzte Jahrhundert war die Zeit der großen Segelschiffe.
Um sich die Arbeit zu erleichtern, sangen die Seeleute Lieder. Man nennt sie Shanties.
"What shall we do . . ." ist ein "stamp and go"-Shanty. Die Matrosen gingen stampfend über Deck und zogen am Tau, um das Segel zu hissen.

❶ Spielt zur Begleitung die Dreiklänge in unterschiedlicher Weise, z. B.: Dreiklangstöne nacheinander; Dreiklangstöne rhythmisiert.

What shall we do *Text und Musik: aus England*

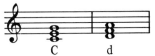

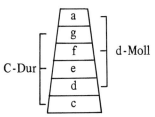

2. Take him and shake him and try to awake him! Hooray . . .
3. Give him a dose of salt and water.
4. Put him in the long-boat 'til he's sober.
5. Pull out the plug and wet him all over.
6. Put him in the scuppers with a hosepipe on him.
7. Heave him by the leg in a running bowlin'.
8. That's what we do with a drunken sailor.

drunken – betrunken
long-boat – Beiboot
sober – nüchtern
plug – Verschluss, Stöpsel
scupper – Speigatt (Wasserablauf)
hosepipe – Schlauchleitung
to heave – hochziehen
bowline – Buline (Leine am Rahsegel zum Festsetzen beim Segeln am Wind)

64 Frühling ...

Grüß Gott, du schöner Maien
Text und Melodie: 16. Jh., Satz: J.J. Schäublin

1. Grüß Gott, du schöner Maien, da bist du wiederum hier;
tust jung und alt erfreuen, mit deiner Blumen Zier.
Die lieben Vöglein alle, sie singen also hell;
Frau Nachtigall mit Schalle hat die fürnehmste Stell.

2. Die kalten Wind verstummen, der Himmel ist gar blau. Die lieben Bienlein summen daher von grüner Au. Die Bächlein wie Kristallen so klar und auch so rein, die Flüsse einher brausen im güldnen Sonnenschein.

Zur Aufführung: Der zweistimmige Satz kann auch im Kanon musiziert werden.
Für diesen Fall haben die eingeklammerten Pausen Gültigkeit.

Schön ist die Welt
Text und Melodie: aus Hessen, Satz: Gottfried Wolters

1. Schön ist die Welt, drum Brüder, lasst uns reisen wohl wohl in die weite Welt, wohl in die weite Welt. in die weite Welt, wohl in die weite Welt.

2. Wir sind nicht stolz, wir brauchen keine Pferde, die uns von dannen ziehn.
3. Wir steigen hinauf auf Berge und auf Hügel, wo uns die Sonne sticht.
4. Wir laben uns an jeder Felsenquelle, wo frisches Wasser fließt.
5. Wir reisen fort von einer Stadt zur andern, wo uns die Luft gefällt.

© *Möseler*

Erwacht, ihr Schläfer drinnen
Text: C.G. Hering, Musik: G.G. Ferrari

1. Erwacht, ihr Schläfer drinnen, der Kuckuck hat geschrien!
Hoch auf des Berges Zinnen seht ihr die Sonn erglühn.
2. Erwachet, erwachet, der Kuckuck hat geschrien!
3. Kuckuck, Kuckuck, Kuckuck, Kuckuck.

Sommer ... 65 II 34+35

Itsy Bitsy Teenie Weenie Honolulu Strandbikini

(Bap bap bap bap barap bap bap bap bap)
1. Am Strand von Florida ging sie spazieren,
   und was sie trug, hätte keinen gestört;
   nur eine einsame piekfeine Lady
   fiel bald in Ohnmacht und war sehr empört!
   (Acht neun zehn, na was gab's denn da zu seh'n?)

Refrain
Es war ihr Itsy Bitsy Teenie Weenie Honolulu Strandbikini,
er war schick und er war so modern!
Ihr Itsy Bitsy Teenie Weenie Honolulu Strandbikini,
ja der gefiel ganz besonders den Herrn.
(Eins zwei drei, na was ist denn schon dabei?)

2. Die Caballeros am Copacabana,
   die rannten ihr immerzu hinterher;
   da lief sie weg und vor Schreck gleich ins Wasser,
   dabei ertrank sie beinah' noch im Meer ...

3. Ja, in Venedig war grad' Biennale,
   ein Fotograf, der hielt sie für 'nen Star;
   doch in der Zeitung stand später zu lesen,
   daß der Bikini nur schuld daran war ...

Nachspiel
Und da zog sie den Bikini, den sie nirgends tragen kann,
ganz allein für sich zu Hause in der Badewanne an.

❶ Die Melodie dieses Schlagers aus dem Jahr 1960 lernt ihr leicht mit Hilfe des Tonträgers.
❷ Mit Rhythmusinstrumenten könnt ihr das Playback ergänzen und dazu singen.

Text und Musik: Paul J. Vance/ Lee Pockriss, deutscher Text: Günter Loose, © Global

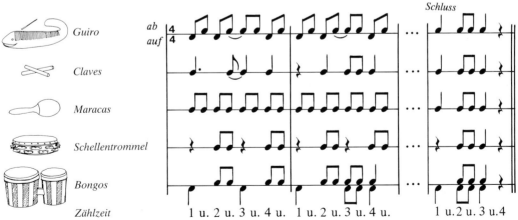

Herbst ...

Bunt sind schon die Wälder

Text: J. Gaudenz von Salis-Seewis,
Musik: J.F. Reichardt

1. Bunt sind schon die Wälder, gelb die Stoppelfelder, und der Herbst beginnt. Rote Blätter fallen, graue Nebel wallen, kühler weht der Wind.

2. Wie die volle Traube aus dem Rosenlaube purpurfarbig strahlt!
   Am Gelände reifen Pfirsiche mit Streifen, rot und weiß bemalt.

3. Flinke Träger springen und die Mädchen singen, alles jubelt froh.
   Bunte Bänder schweben zwischen hohen Reben auf dem Hut von Stroh.

4. Geige tönt und Flöte bei der Abendröte und im Mondesglanz.
   Junge Winzerinnen winken und beginnen ihren Erntetanz.

Zum Tanze, da geht ein Mädel

Text und Musik: volkstümlich,
aus Schweden

1. Zum Tanze, da geht ein Mädel mit güldenem Band. Das schlingt sie dem Burschen ganz fest um die Hand. fest um die Hand.

2. Ach herzallerliebstes Mädel, so lass mich doch los!
   Ich lauf dir gewisslich auch so nicht davon.

3. Kaum löset die schöne Jungfer das güldene Band, da war in den Wald
   schon der Bursche gerannt.

Froh zu sein

Text und Musik: volkstümlich

Froh zu sein, bedarf es wenig und wer froh ist, ist ein König.

... Winter

Another day in paradise

3. She tells out to the man on the street. He can see she's been crying.
   She's got blisters on the soles of her feet.
   She can't walk but she's trying.
   Refr.: Oh, think twice ...
   Bridge: Oh, Lord ...
4. You can tell from the lines on her face. You can see that she's been there.
   Probably been moved on from every place, 'cause she didn't fit in there.
   Refr.: Oh, think twice ...

Text und Musik: Phil Collins,
© Edition Hitrunner

Ablauf: Intro - 1. Str. - 2. Str. - Refr. - Zw.sp. - 3. Str. - Refr. - Zw. - Bridge - 4. Str. - Refr. - Zw.sp.

68 Weihnachten bei uns

Wer klopfet an? *Text und Musik: volkstümlich, aus Tirol*

(2. Wirt) „Wer vor der Tür?"
„Ein Weib mit ihrem Mann."
„Was wollt denn ihr?"
„Hört unsre Bitten an:
Lasset heut' bei euch uns wohnen!
Gott wird euch schon alles lohnen."
„Was zahlt ihr mir?"
„Kein Geld besitzen wir."
„Dann geht von hier!"
„O, öffnet uns die Tür!"
„Ei, macht mir kein Ungestüm!
Da, packt euch, geht wo anders hin."

(3. Wirt) „Was weinet ihr?"
„Vor Kält' erstarren wir."
„Wer kann dafür?"
„O, gebt uns doch Quartier!
Überall sind wir verstoßen,
jedes Tor ist uns verschlossen!"
„So bleibt halt drauß'!"
„O, öffnet uns das Haus!"
„Da wird nichts draus."
„Zeigt uns ein andres Haus."
„Dort geht hin zur nächsten Tür!
Ich hab' nicht Platz, geht nur von hier!"

Es ist für uns eine Zeit angekommen

Text und Musik: Schweizer Sterndreherlied

1. Es ist für uns eine Zeit angekommen, die bringt uns eine große Gnad: unsern Heiland Jesu Christ, der für uns, der für uns, für uns Mensch geworden ist.

2. In einer Krippe der Heiland muss liegen
auf Heu und Stroh in der kalten Nacht.
Zwischen Ochs und Eselein
liegest du, liegst du armes Jesulein.

3. Es kommen Könige, ihn anzubeten,
ein Stern führt sie nach Bethlehem.
Kron und Zepter legen sie ab,
bringen ihm, bringen ihre Opfergab.

Die heilgen drei Könige

1. Die heilgen drei König mit ihrigem Stern, die kommen gegangen, ihr Frauen und Herrn. Der Stern gab ihnen den Schein; ein neues Reich geht uns herein.

2. Die heilgen drei König' mit ihrigem Stern,
sie bringen dem Kindlein das Opfer so gern.
Sie reisen in schneller Eil'
in dreizehn Tag' vierhundert Meil'.

3. Die heilgen drei König' mit ihrigem Stern
knien nieder und ehren das Kindlein, den Herrn.
Ein' selige, fröhliche Zeit
verleih' uns Gott im Himmelreich!

Am Dreikönigstag Anfang Januar gehen Schülerinnen und Schüler singend von Haus zu Haus und sammeln als Sternsinger Geld für die Kinder in armen Ländern.

70 Weihnachten anderswo

Pásli ovce valaši

1. Pás - li ov - ce va - la ši při bet - léms - kém sa - la - ši.
   Hir - ten hü - te - ten die Schaf' auf dem Feld vor Beth - le - hem.

Haj - dom, haj - dom, ty - dli - dom, haj - dom, haj - dom, ty - dli - dom.

2. Anděl se jím ukázal,
   do Betléma jím kázal.
   Hajdom, . . .

3. Jděte, jděte, pospěšte,
   Pána Krista najdete.

4. On tam leži v jesličkách,
   zavinutý v plenčičkách.

5. Maria ho kolibá,
   svatý Josef mu zpívá.

2. Engel gaben ihnen Rat:
   Eilt sofort nach Bethlehem!

3. Gehet schnell, beeilet euch,
   denn dort findet ihr den Herrn.

4. Er ist noch ein kleines Kind,
   das in einer Krippe liegt.

5. Wiegenlieder singen ihm
   Joseph und Maria.

Text und Musik: aus der Slowakei,
deutscher Text: Rainer Schmitt,
© Klett

Go, tell it on the mountain

Text und Musik: aus den USA, Spiritual

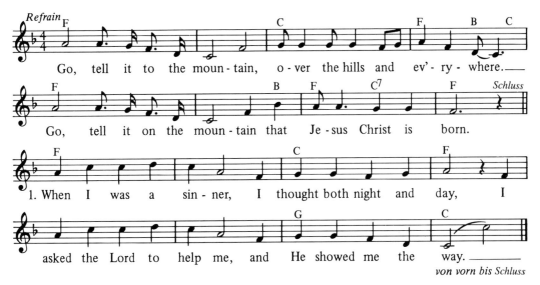

Refrain:
Go, tell it to the mountain, over the hills and ev'ry-where.
Go, tell it on the mountain that Jesus Christ is born.

1. When I was a sinner, I thought both night and day, I asked the Lord to help me, and He showed me the way.

2. When I was a seeker,
   I sought both night and day.
   I asked my Lord to help me,
   and He taught me to pray.

3. He made me a watchman
   upon the city wall,
   and if I am a Christian,
   I am the least of all.

Navidadau – Heilge Nacht

Na-vi-da-dau pu-ri ni-ni hua-hua-na-ca ku-si-si nja-ni,
1. Nun ist sie da, die heil-ge Nacht, froh wird mit Tan-zen sie ver-bracht.
ni-ño Je-sus yu-cu-rit lay-cu a-na-tan-ja-la kis-ta-ny.
spielt mit dem Je-sus-kin-de-lein, freu-et euch al-le, groß und klein.

2. Nun ist sie da, die heilge Nacht,
   Bethlehems Stern am Himmel wacht.
   Zeigt uns den Weg, kommt, lasst uns gehn,
   nach Bethlehem, das Kind zu sehn.

*Text und Musik: aus Bolivien,
deutscher Text: Hiltraud Reckmann
© Fidula*

Bordun

72 Tonleitern

Notenschlüssel

Der Notenschlüssel bezeichnet die Lage eines bestimmten Tones und damit auch aller anderen Töne im System der fünf Notenlinien.

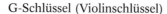

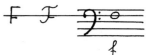

Tonlagen

Der G-Schlüssel wird für die hohen Tonlagen Sopran und Alt, der F-Schlüssel für die tiefen Tonlagen Tenor und Bass verwendet. Der auf einer Hilfslinie liegende Ton c' verbindet die beiden Tonlagen.

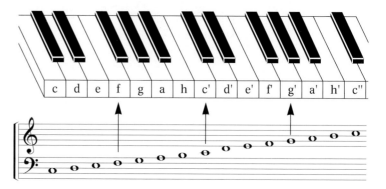

Vorzeichen

Ein ♯ als Vorzeichen erhöht einen Ton um einen Halbton (= kleine Sekunde), ein ♭ erniedrigt sie entsprechend.

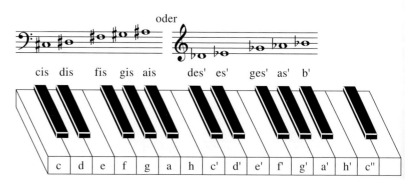

❶ Spielt die Anfangstöne von Paul McCartneys "Ebony and Ivory" auf dem Klavier. Wenn ihr dabei auf die Farben der Tasten achtet, fällt euch sicher ein Zusammenhang zwischen dem Text und den Tönen auf ...

Dur- und Molltonleiter

Beide Tonleitern bestehen aus sieben Tönen im Abstand von Ganz- und Halbtonschritten (= große und kleine Sekunden). In Dur liegen diese anders als in Moll.

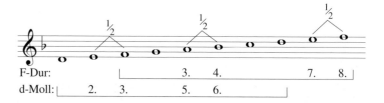

Taktarten, Rhythmen

Taktarten

Punktierte Rhythmen

Triolen

Synkopen

Beat

Off-Beat

Taktbezeichnung

In Form von Brüchen wird angezeigt, wieviele Grundschläge zu Einheiten von betonten und unbetonten Zähleinheiten zusammengefasst werden.

Punktierter Rhythmus

Er entsteht, wenn die Dauer eines Tones durch einen Punkt hinter der Note um die Hälfte verlängert und der folgende Notenwert entsprechend verkürzt wird.

Triole

Werden drei gleiche Notenwerte auf die Dauer von zwei oder vier verteilt, nennt man diese Einheit eine Triole.

Synkope

Erhält ein ursprünglich unbetonter Grundschlag eine Betonung, sprechen wir von Synkope. Synkopen kommen besonders häufig in der Jazzmusik vor.

Beat und Off-Beat

Eine gleichmäßige Folge von betonten und unbetonten Zählzeiten heißt in englischer Sprache Beat, eine geringfügige Abweichung von der regelmäßigen Akzentfolge Off-Beat. Er kommt vor allem in der Jazzmusik vor und lässt sich nur annähernd notieren.

74 *Dreiklänge*

Dreiklang

Ein Dreiklang besteht aus drei Tönen: dem Grundton, der Terz und der Quinte. Dreiklänge können auf jedem Ton gebildet werden.

Hauptdreiklänge

So nennen wir die Dreiklänge auf der 1., 4. und 5. Stufe. Mit ihnen kann man viele Lieder begleiten. Ihre Verbindung zur Folge 1-4-5-1 nennt man Kadenz.

Die Hauptdreiklänge auf der 1., 4. und 5. Stufe der Tonleiter von C-Dur

Sweets for my sweet   *Text und Musik: Doc Pomus/Mort Shuman, © Intersong*

❶ Singt diesen Pophit. Wie heißen die Töne im Refrain?
❷ In welchen Hauptdreiklängen kommen diese Töne vor? Begleitet den Refrain mit diesen Dreiklängen.
❸ Manchmal gibt es dabei mehrere Möglichkeiten. Beim Ausprobieren und beim Hören des Originals findet ihr sicher die passende Lösung.

2. If you wanted a dream to
keep you smiling.
I'd tell the sandman you
were blue.
And I'd ask him to keep
that sand a pilin',
until your dreams will
all come true.
And I would bring ...

3. If you wanted a love to last
forever *(Darling)*.
I would send my love your
way.
And my love not only last
forever,
but forever and a day.
And I would bring ...

Umkehrungen, Tempo 75

Die Reihenfolge macht's

Der C-Dur-Dreiklang und seine Umkehrungen

Grundstellung   1. Umkehrung   2. Umkehrung

Dreiklangsumkehrungen

Dreiklänge gibt es in verschiedenen Lagen, je nachdem, ob der Grundton, die Terz oder die Quinte der tiefste Ton ist. Man spricht von Umkehrungen.

Dur-Dreiklang   *Moll-Dreiklang*

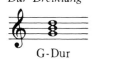

G-Dur   g-Moll

Dur- und Moll-Dreiklang

Beide Dreiklänge unterscheiden sich nur durch den mittleren Ton, die Terz. In Moll wird sie um einen Halbton erniedrigt: eine kleine Veränderung mit großer Wirkung.

Tempo

Grave	sehr langsam (schwer)	z. B. ♩ = 40
Andante	mäßig bewegt (gehend)	z. B ♩ = 60
Allegretto	bewegt, munter	z. B ♩ = 80
Allegro	schnell, heiter	z. B ♩ = 140
Presto	sehr schnell	z. B ♩ = 160

Musikstücke werden unterschiedlich schnell gespielt. Man spricht von Tempo.

Personen- und Stichwortverzeichnis

Personenregister

Beethoven,
   Ludwig van   11, 24
Biermösl Blosn (s. Well)
Boyzone   57

Grieg, Edvard   13

Haydn, Joseph   28

Ibsen, Henrik   13
Ives, Charles   23

Jandl, Ernst   18
Joachim, Joseph   27

Korngold, Erich   14
Kurtág, György   26

Ligeti, György   24
Lortzing, Albert   25
Lou, Loupee   24
Lumière,
   Louis Jean u. Auguste   14

Marley, Bob   36
McCartney, Paul   72
Morse, Samuel   6
Mossolov, Alexander   21
Mozart,
   Wolfgang Amadeus   24

Orff, Carl   24

Pink Floyd   19

Ramuz, Charles F.   40f.
Rossini, Gioachino   24

Saint-Saëns, Camille   9
Schwind, Moritz von   27
Stevens, Cat   57
Strauss, Richard   17
Strawinsky, Igor   40f.

Tschaikowsky, Peter   26

Vahle, Fredrik   39
Villa-Lobos, Heitor   22

Webber, Andrew Lloyd   44f.
Well, Hans,
   Michael u. Christoph   53

Stichwortregister

Arie   45
Ballett   45
Beat   73
Belcanto   45
Blaskapelle   23

call   10
Chor   25, 45
Cluster   26
Collage   23
Cover-Version   57
crescendo   6

decrescendo   6
Djabara   10
Djembé   10
Dirigent   6, 29, 37
Dreiklang   63, 74, 75
Drehbuch   15
Duett   45, 46
Dununba   10
Dur   30, 31, 63, 72, 75

Filmmusik   14, 15

Improvisation   10, 11, 19, 25

Kadenz   74
Kassa   10
Kenkeni   10
Koloratur   45

Lautstärke   6, 7, 11, 19, 27, 31

Marsch (-Musik)   23, 41f.
Moll   30, 31, 63, 72, 75
morsen   6
Motiv   21
Musical   44f., 48f.

Notenschlüssel   72

Off-Beat   73
Oper   25, 45
Orchester   34, 37
Ouvertüre   45

Parodie   25
Partitur   21, 41
Pause   6
Playback   36, 58, 65
Programmmusik   22f.

response   10
Rezitativ   45
Rhythmus   6, 7, 10, 20, 21,
   58, 59, 63, 65, 73

Schattenspiel   38, 43
Schlager   65
Shanty   63
Signal   6, 8, 9
Sinfonie   17, 27, 28f.
Song   45, 48, 57
Synkope   73

Tanz   9, 43, 52
Takt (-arten)   7, 27, 41, 52, 73
Tempo   27, 75
Terzett   45
Thema   13, 29
Tonleiter   72
Tontraube (s. Cluster)
Totentanz   9
Triole   73
trommeln   6, 10

Variation   30f.
Virtuos (e)   26, 27
Vorzeichen   72

Zwiefacher   52

Verzeichnis der Lieder und Gedichte

Alles nur geklaut	S.54
Another day in paradise	S.67
auf dem land(G)	S.18
Ayse und Jan	S.39
Bunt sind schon die Wälder*	S.66
Da sprach der alte Häuptling	S.51
Das zerbrochene Ringlein	S.59
Die heilgen drei König	S.69
Dirndl, willst an Edlknabn	S.52
Donaj, donaj	S.61
Du du dab	S.36
Er sang, sobald ich schlief	S.46
Erwacht, ihr Schläfer drinnen*	S.64
Es ist für uns eine Zeit angekommen	S.69
Father and Son	S 57
Froh zu sein *	S 66
Go, tell it on the mountain	S.71
Grüß Gott, du schöner Maien*	S.64
Hey, Annabella Susann	S.50
Ich lieb' dich überhaupt nicht mehr	S.59
Ich will jetzt gleich König sein	S.56
Il la wuli woo	S.10
Im Tingeltangel	S.35
Itsy Bitsy	S.65
Leut, müaßt's lustig sei	S.52
Mein kleiner grüner Kaktus	S.55
Navidadau – Heilge Nacht	S.71
Pásli ovce valasi	S.70
Sailing	S.62
Schön ist die Welt*	S.64
Summer lovin'	S.48
Sweets for my sweet	S.74
Wach auf, Bauer	S.10
Wer klopfet an*	S.68
What shall we do	S.63
Where have all the flowers gone	S.60
Wos braucht ma aufm Bauerndorf	S.53
Yesterday	S.58
Zogen einst fünf wilde Schwäne	S.61
Zum Tanze, da geht ein Mädel*	S.66

(Die mit * gekennzeichneten Lieder sind verbindlich in der Liederliste für die 6. Jahrgangsstufe vorgeschrieben.)

Verzeichnis der Hörbeispiele

CD I

Lfd. Nr.	Titel des Musikwerkes A = Auschnitt	K = Komponist T = Textdichter A = Arrangeur	Buch- seite
I, 1	**Musikalische Signale vom Oktoberfest München**	Eugen Bersenkowitsch (Aufn.), Gertrud Schwoshuber	8
I, 2	„Danse Macabre", op. 40 -Eröffnung	Camille Saint-Saëns (K)	9
I, 3	-Exposition		
I, 4	-Durchführung		
I, 5	-Reprise		
I, 6	-Beschluss		
I, 7	„Kassa"	trad.	10
I, 8	Responsorium breve	greg. Choral	10
I, 9	„Oh, Happy Day"	E. R. Hawkins	10
I, 10	„Bin I net a scheena Hahn"	trad., Biermösl Blosn (A)	10
I, 11	„Duelling banjos"	trad., E. Weisberg (A)	10
I, 12	**Klavierkonzert Nr. 4, G-Dur, op. 58**, 2. Satz - T. 1-5 - T. 6-13 - T. 14-Ende	Ludwig van Beethoven (K)	11
I, 13	„Peer-Gynt-Suite", op. 46 - „In der Halle des Bergkönigs"	Edvard Grieg (K)	13
I, 14	- „Morgenstimmung"		
I, 15	„Der weiße Hai", Hauptthema	J. Williams (K)	14
I, 16	„Eine Alpensinfonie", op. 64 - Stille vor dem Sturm;	Richard Strauss (K)	17
I, 17	- Gewitter und Sturm		
I, 18	„auf dem land"	Ernst Jandl (T)	18
I, 19	**„Several species of small animals..."** aus „Ummagumma"	Pink Floyd	19
I, 20	„Der Drei-Wale-Trip" aus „Die Gesänge der Buckelwale"	/	19
I, 21	„Die Eisengießerei", op. 19 - T. 1-47	Alexander Mossolov (K)	20/21
I, 22	- T. 48-79		
I, 23	- T. 80-106		
I, 24	**„Die kleine Eisenbahn von Caipirá"**	Heitor Villa-Lobos (K)	22
I, 25	„Decoration Day" aus der Sinfonie „Holidays"	Charles Ives (K)	23
I, 26	**„Ein musikalischer Spaß"** (A), KV 522	Wolfgang Amadeus Mozart (K)	24
I, 27	„Pinocchio" (A)	F. G. D. Rosmini	24
I, 28	„Nouvelles Aventures" (A)	György Ligeti (K)	24
I, 29	**Klavierkonzert Nr. 1, C-Dur, op. 15,** 1. Satz (Kadenz, A)	Ludwig van Beethoven (K)	24
I, 30	„Der Schwan" aus „Carmina Burana"	Carl Orff (K)	24
I, 31	„Kavatine des Figaro" aus „Der Barbier von Sevilla" (A)	Gioachino Rossini (K)	24
I, 32	„Zar und Zimmermann": - Szene „Chorprobe"	Albert Lortzing (K)	25
I, 33	- „Hört mich an ..."		
I, 34	**Klavierkonzert Nr. 1, b-Moll, op. 23** 1. Satz (A)	Peter I. Tschaikowsky (K)	26
I, 35	Sinfonie G-Dur, Nr. 94, 2. Satz - Thema	Joseph Haydn (K)	29
I, 36	- 1. Variation		31
I, 37	- 2. Variation		
I, 38	- 3. Variation		
I, 39	- 4. Variation		

CD II

Lfd. Nr.	Titel des Musikwerkes A = Auschnitt	K = Komponist T = Textdichter A = Arrangeur	Buch-seite
II, 1	„Pic Entrée"	H. G. Pommer	34
II, 2	„Im Tingeltangel"-Playback	Norbert Schultze (K)	35
II, 3	„Lively up yourself"	Bob Marley (K)	36
II, 4	„Ayse und Jan"	Frederik Vahle (K u. T)	39
II, 5	„Die Geschichte vom Soldaten": - Marsch des Soldaten (A)	Igor Strawinsky (K) Ch. F. Ramuz (T)	40
II, 6	- Walzer (A)		
II, 7	- Tanz des Teufels (A)		
II, 8	- Marsch des Soldaten	Igor Strawinsky (K)	41
II, 9	- Marsch des Soldaten mit Sprecher	Ch. F. Ramuz (T)	
II, 10	Der Hohenfriedberger-Marsch	Grawert/Mackenberger	42
II, 11	„Die Geschichte vom Soldaten": Drei Tänze - Tango	Igor Strawinsky (K), Ch. F. Ramuz (T)	43
II, 12	- Walzer		
II, 13	- Ragtime		
II, 14	- Triumphmarsch des Teufels		
II, 15	„Das Phantom der Oper" - Ouvertüre	Andrew Lloyd Webber (K), Charles Hart (T)	44
II, 16	- Szene im Versteck des Phantoms		
II, 17	- Szene auf der Opernbühne		45
II, 18	- Duett „Er sang, sobald ich schlief"		46
II, 19	„Summer nights" aus „Grease"	W. Casey/J. Jacobs (K u. T)	47
II, 20	„Hey, Annabella Susann"	Schroeder/Wayne/Blecher (K u. T)	50
II, 21	„Da sprach der alte Häuptling der Indianer"	Werner Scharfenberger (K), Peter Wehle (T)	51
II, 22	„Leut, müaßts lustig sei"	Haindling (A)	52
II, 23	„Wos braucht ma auf'm Bauerndorf"	K. Kunz (K), C. Well (T.)	53
II, 24	„Alles nur geklaut"	Tobias Künzel (K u. T)	54
II, 25	„Mein kleiner grüner Kaktus"	Bert Reisfeld/Albrecht Marcuse (K), Hans Herda (T)	55
II, 26	„Ich will jetzt gleich König sein" aus „Der König der Löwen"	E. John (K), Tim Rice (T)	56
II, 27	„Father and Son" - Interpr. Cat Stevens	Cat Stevens	57
II, 28	„Father and Son" - Interpr. Boyzone		
II, 29	„Yesterday"	John Lennon/Paul McCartney (K u. T)	58
II, 30	„Ich lieb' dich überhaupt nicht mehr"	Udo Lindenberg (K u. T)	59
II, 31	„In einem kühlen Grunde"	F. Glück (K) Joseph von Eichendorff (T)	59
II, 32	„I' am sailing" - Interpr. R. Stewart	Gavin Sutherland (K u. T)	62
II, 33	„I' am sailing" - Interpr. P. Hofmann		
II, 34	„Itsy Bitsy Teenie Weenie"	Paul J. Vance/Lee Pockriss (K. u. T)	65
II, 35	„Itsy Bitsy ..." - Playback		
II, 36	„Another day in paradise"	Phil Collins (K u. T)	67
II, 37	„Navidadau"	trad. (Bolivien)	71
II, 38	„Sweets for my sweet"	Doc Pomus/Mort Shuman (K u. T)	74

Quellenverzeichnis

Lieder und Musikbeispiele

S. 19: Wespenstich. M.: © Margit Küntzel-Hansen.
S. 20/21: Die Eisengießerei. M.: © Mezhdunarodnaja Kniga, für Deutschland: Musikverlag Hans Sikorski, Hamburg.
S. 26: Hommage an Tschaikowsky. M.: © Editio Musica Budapest, für Deutschland: Musikverlag Ricordi & Co., Feldkirchen.
S. 35: Im Tingeltangel. T. u. M.: © Musikverlag Hans Sikorski, Hamburg.
S. 39: Ayse und Jan. T.: © Aktive Musik Verlags-GmbH, Dortmund.
S. 41/42: Marsch des Soldaten. T. u. M.: © Chester Music, London, für Deutschland: Edition Wilhelm Hansen (Sikorski), Hamburg.
S. 45/46: Songs aus „Das Phantom der Oper". T. u. M.: © Polygram Int. Music Publ. Ltd., für Deutschland: Polygram Songs Musikverlag GmbH, Hamburg.
S. 48/49: Song aus „Grease". T. u. M.: © Edwin H. Morris Co. Inc., für Deutschland: Chappell & Co. GmbH Musikverlag, Hamburg.
S. 50: Hey, Annabella Susann. T. u. M.: © Holly-Hill Music Publ. Co./Rachel's Own Music, für Deutschland: Neue Welt Musikverlag GmbH, München/ Rolf Budde Musikverlage, Berlin.
S. 51: Da sprach der alte Häuptling der Indianer. T. u. M.: © Atlas Musikverlag Kriemhild Steidtner, Gröbenzell.
S. 53: Wos braucht ma aufm Bauerndorf? T. der 4. Strophe u. Satz: © Christoph Well.
S. 54/55: Alles nur geklaut. T. u. M.: © 1993 by Moderato Musikproduktion GmbH/ George Glueck Musik GmbH, Berlin.
S. 55: Mein kleiner grüner Kaktus. T. u. M.: © 1934 by Choudens Editeur Paris/1935 by Ed. Bristol, für Deutschland: Wiener Bohème Verlag (BMG UFA), München.
S. 56: Ich will jetzt gleich König sein. T. u. M.: © 1994 by Wonderland Music Co. Inc., für Deutschland: Neue Welt Musikverlag GmbH, München.
S. 57: Father and Son. T. u. M.: © 1970 by Cat Music Ltd. c/o Westbury
S. 58: Yesterday. T. u. M.: © 1965 Northern Songs, für Deutschland: Music Sales Ltd., London.
S. 59: Ich lieb dich überhaupt nicht mehr. T.: © Polygram Songs Musikverlag GmbH, Hamburg.
S. 60: Where have all the flowers gone. T. u. M.: © Fall River Music Inc., für Deutschland: Essex Musikvertrieb GmbH, Hamburg.
S. 61: Zogen einst fünf wilde Schwäne. Dt. Text: © Friedrich Hofmeister Musikverlag, Hofheim/Leipzig; Donaj, donaj. T. u. M.: © 1940 EMI Mills Music Inc., USA. Worldwide print rights controlled by Warner Bros. Publ. Inc., USA/IMP Ltd., Essex.
S. 62: Sailing. T. u. M.: © Island Music Ltd., London, für Deutschland: Polygram Songs, Hamburg.
S. 64: Schön ist die Welt. Satz: © K. H. Möseler Verlag, Wolfenbüttel.
S. 65: Itsy Bitsy Teenie Weenie Honolulu Strandbikini. T.: © 1960 Emily Music Corp./Vance Publ. Co., für Deutschland: Global Musikverlag, München.
S. 67: Another day in paradise. T. u. M.: © 1989 by Philip Collins Music Ltd./Hit & Run Music Publ. Ltd., für Deutschland: Edition Hitrunner, München.
S. 70: Pásli ovce valasi. Dt. T.: Rainer Schmitt, © Klett.
S. 71: Navidadau - Heilge Nacht. Dt. T.: © Fidula-Verlag Holzmeister GmbH, Boppard/Salzburg.
S. 72: Ebony and Ivory. T. u. M.: © Music Sales Ltd., London.
S. 74: Sweets for my sweet. T. u. M.: © 1961 by Brenner Music/Progressive Music/Trio Music, für Deutschland: Musikverlag Intersong GmbH, Hamburg.

Abbildungen

S. 11: Bayerische Staatsgemäldesammlungen, München.
S. 13: © AKG, Berlin.
S. 14: aus: Tony Thomas, Music for the movies, A. S. Barnes & Cie., Crambury, New Jersey.
S. 16/17: Langkofel, © Huber, Garmisch-Partenkirchen.
S. 19: aus: Kontinent der Wale, S. 100, John Hillelson Agency, Verlag Zweitausendeins.
S. 20/21: © Foto Historisches Archiv Krupp, Essen.
S. 22: AP, Axel Lenke, Frankfurt a. M.
S. 23: o. Foto Nathan Benn, © Focus, Hamburg. r. Yale University, New Haven (USA).
S. 27: © Staatl. Kunsthalle, Karlsruhe.
S. 29: Hannover square rooms, © The Masell Collection, London.
S. 37: © Landesjugendorchester Baden-Württemberg.
S. 40: aus: Wolfgang Burde, Strawinsky, Goldmann/Schott.
S. 44/46: © Stella Musical Management, Hamburg.
S. 48/49: Schulaufführung am Albert-Einstein-Gymnasium München, © Fotos Benjamin Schuster-Böckler, München.
S. 53: Foto B. Müller, © Musik + Show, München.
S. 57: l. Foto Ritchie Aaron, © Redferns, London. r. Foto Katja Lenz, © dpa, Frankfurt a. M.
S. 59: Marc Chagall, © VG Bild-Kunst, Bonn.
S. 60: Pablo Picasso, © VG Bild-Kunst, Bonn.
S. 62: Foto E. M. Bordis, © Bavaria, München.
S. 63: aus: Stan Hugill, Windjammer-Lieder, Claasen, Düsseldorf 1978.
S. 69: © Mauritius, Frankfurt a. M.